CHRISTIAN F. R. GUIMARÃES VINCI

# ANARQUISMO

Lafonte

Brasil · 2020

**Título – Anarquismo**
Copyright© Editora Lafonte Ltda. 2020

ISBN 978-5870-014-2

Todos os direitos reservados.
Nenhuma parte deste livro pode ser reproduzida por quaisquer meios
existentes sem autorização por escrito dos editores e detentores dos direitos.

| | |
|---:|:---|
| Direção Editorial | **Ethel Santaella** |
| Organização e Revisão | **Ciro Mioranza** |
| Diagramação | **Demetrios Cardozo** |
| Imagem de capa | **Art Furnace / Shutterstock** |

```
Dados Internacionais de Catalogação na Publicação (CIP)
           (Câmara Brasileira do Livro, SP, Brasil)

   Vinci, Christian F. R. Guimarães
      Anarquismo / Christian F. R. Guimarães Vinci. --
   São Paulo : Lafonte, 2020.

      Bibliografia.
      ISBN 978-65-5870-014-2

      1. Anarquismo 2. Anarquismo - História I. Título.

20-44648                                       CDD-320.57
```
**Índices para catálogo sistemático:**

1. Anarquismo : Ciência política    320.57

Cibele Maria Dias - Bibliotecária - CRB-8/9427

**Editora Lafonte**

Av. Profª Ida Kolb, 551, Casa Verde, CEP 02518-000, São Paulo-SP, Brasil
Tel.: (+55) 11 3855-2100, CEP 02518-000, São Paulo-SP, Brasil
Atendimento ao leitor (+55) 11 3855- 2216 / 11 – 3855 - 2213 – atendimento@editoralafonte.com.br
Venda de livros avulsos (+55) 11 3855- 2216 – vendas@editoralafonte.com.br
Venda de livros no atacado (+55) 11 3855-2275 – atacado@escala.com.br

Impressão e Acabamento
**Gráfica Oceano**

# ÍNDICE

| | |
|---|---|
| 05 | **1. Anarquismo: uma política da existência** |
| 23 | **2. A vida anarquista** |
| 27 | **a.** A socialidade |
| 36 | **b.** Organização institucional |
| 45 | **c.** Testemunho pela vida |
| 51 | **3. Os grandes autores anarquistas** |
| 54 | **a.** Jean-Jacques Rousseau e o Iluminismo: os precursores. |
| 60 | **b.** Pierre-Joseph Proudhon: a propriedade como um roubo |
| 68 | **c.** Mikhail Bakunin e a necessidade da revolução |
| 74 | **d.** Outros autores importantes |
| 77 | **4. A importância do anarquismo hoje** |
| 82 | **a.** Ecopolítica e anarquismo |
| 87 | **b.** Abolicionismo e anarquismo |
| 95 | **Referências bibliográficas** |

# 1 ANARQUISMO, UMA POLÍTICA DE EXISTÊNCIA

> Diz-se que não há perigo, porque não há agitação; diz-se que, como não há desordem material na superfície da sociedade, as revoluções estão longe de nós. Senhores, permiti-me dizer-vos que creio que vos enganais. Sem dúvida a desordem não está nos fatos, mas entrou bem profundamente nos espíritos. Olhei o que se passa no seio dessas classes operárias, que hoje, eu o reconheço, estão tranquilas [...]. Tal é, senhores, minha convicção profunda: no momento em que estamos, creio que dormimos sobre um vulcão; disso estou profundamente convencido. (TOCQVILLE, 1991, p. 42-43)

Alexis de Tocqueville, em seu livro de memórias intitulado *Lembranças de 1848: as jornadas revolucionárias em Paris*, notou a instabilidade que acometia a política francesa, chegando a sugerir que a elite dirigente do país dormia tranquilamente sobre um vulcão. Esse vulcão era a própria classe operária. Passemos em revista um pouco da história francesa, sem entrarmos em detalhes, para compreendermos um pouco o ódio que era alimentado pelos trabalhadores franceses contra seus exploradores. Para o historiador francês, desde 1789 a massa de trabalhadores acumulava rancores contra a burguesia. Lembremos que, com a eclosão da Revolução Francesa em 1789, trabalhadores, camponeses e burguesia se aliaram para lutar contra os privilégios da nobreza, conseguindo dar um fim à monarquia de Luís XVI, que acabou sendo guilhotinado, junto com a esposa, Maria Antonieta. Esse evento, de proporções históricas inimagináveis, permitiu à burguesia chegar ao poder e, ao longo do processo revolucionário, os trabalhadores acabaram sendo deixados de lado junto com os camponeses e outras classes marginais. Esse mesmo movimento iria se repetir nas duas maiores revoluções da primeira metade do século XIX, as revoltas de 1830 e de 1848.

Em 1830, a primeira das assim chamadas revoluções liberais, a velha nobreza havia novamente tomado o poder, fortalecida pelo retorno da monarquia e pelo governo de Carlos X, após a queda de Napoleão. A burguesia, que havia conquistado grandes cargos durante a Revolução Francesa e o período napoleônico, acabou perseguida, bem como a classe trabalhadora. A classe rural, contudo, lutou ao lado da nobreza e conseguiu gozar de alguns pequenos privilégios. Diante desse cenário, os burgueses, cada vez mais insatisfeitos, aliaram-se à classe trabalhadora para reivindicar uma mudança governamental. Em julho daquele ano, burgueses e proletários tomaram as ruas, montaram barricadas e, novamente, conseguiram destituir o rei, Carlos X – dessa vez, o rei conseguiu fugir antes de perder a cabeça. Em seu lugar, contrariando o desejo dos trabalhadores, que almejavam a implementação de uma república popular, os burgueses parisienses conseguiram colocar no poder Luís Felipe, considerado pela história como o "rei burguês". Partidário de uma política econômica liberal, na qual o Estado pouco intervinha na economia, Luís Felipe retirou os privilégios da nobreza, visando diminuir os gastos estatais com essa classe, e modificou a constituição, favorecendo a burguesia ascendente e a indústria crescente. Foi um período de intenso crescimento industrial, no qual os burgueses usufruíram de grandes lucros enquanto pagavam um salário de miséria a seus operários.

A classe trabalhadora, cada vez mais ignorada pelos desmandos de Luís Felipe, passou então a se organizar em reuniões clandestinas e a realizar manifestações contrárias ao governo. Ao longo de uma década, foi reprimida e calada. Em fevereiro de 1848, o ministro Guizot resolveu tornar ilegais tanto essas organizações quanto qualquer espécie de manifestação operária. Novas revoltas surgiram, o vulcão, que Tocqueville vislumbrara, começava a explodir. Eclodiu, então, um processo revolucionário que iria tomar de assalto todo o mundo e acabaria por retirar da Europa os últimos resquícios da monarquia. No caso da França, Luís Felipe, o "rei burguês", foi deposto e, em seu lugar, instaurou-se a chamada Segunda República Francesa, promovida por uma aliança entre pequenos burgueses e proletariado. Nesse momento, os embates entre as lideranças operárias e as lideranças burguesas se acentuaram. As únicas medidas, votadas de comum acordo, foram a abolição da pena de morte e a instauração do sufrágio universal, permitindo que qualquer um pudesse votar a despeito de sua classe – com exceção das mulheres, que só podiam votar caso o pai ou o marido permitisse, conforme pregava o código jurídico instaurado por Napoleão e que vigorou até meados do século XX. As tensões foram aumentando e os confrontos nas ruas cresceram de forma vertiginosa. Em abril, nas eleições da Assembleia Constituinte, uma aliança inusitada entre burgueses e nobres levou à vitória dos moderados, encadeando uma onda de revoltas proletárias, que foram duramente sufocadas. O exército foi convocado e os revoltosos foram reprimidos com violência. A burguesia, nesse processo, saiu mais uma vez vitoriosa e conseguiu eleger Luís Napoleão, sobrinho do imperador Napoleão, que pouco depois daria um golpe e se autoproclamaria imperador, assumindo a alcunha de Napoleão III, em um golpe que Karl Marx denominou de "o golpe do 18 brumário".

Esse breve percurso histórico nos ajuda a compreender por qual motivo a classe operária manteve acesa a chama de seu ódio contra a burguesia, levando Tocqueville a enxergar no fundo de seus olhos a imagem de um vulcão em erupção. A cada golpe desferido contra os trabalhadores, o ódio aumentava e, preparando terreno para o confronto seguinte, a classe operária passava a flertar com ideias políticas consideradas pelos burgueses como radicais. Após a revolução, ao serem traídos por Napoleão, os trabalhadores se aproximaram do ideal defendido pelos ditos "socialistas utópicos" – homens como Saint-Simon, Charles Fourier, Louis Blanc, entre outros. Com a derrota da Revolução de 1830, passaram a se inspirar pelo ideário comunista ou pelo dito socialismo científico – bem representado pela obra de Karl Marx e Friedrich Engels. E, por fim, findadas as revoltas de 1848, se aproximaram de um ideário que se fortalecia naquele momento, o ideário anarquista – representado pelos primeiros escritos de Proudhon e pelos trabalhos de Mikhail Bakunin e de Piotr Kropotkin. É sobre esse último movimento que iremos tratar neste livro.

O anarquismo, uma filosofia política que surge no século XIX, prega uma renovação tanto em nossas vidas individuais quanto em nossa vida coletiva, uma renovação pautada na ideia de liberdade e contrária a qualquer forma de autoridade. Essa filosofia política começará a influenciar o modelo de organização da classe operária ao longo da primeira metade do século XIX, sobretudo diante dos desmandos da burguesia e, em 1871, inspirará o povo parisiense em uma de suas maiores revoltas, levando-o a tomar o poder e a instaurar um governo comunitário, a *Comuna de Paris*. Esse "exercício de liberdade", nas palavras de Bakunin, será marcante para compreender o que está em jogo no anarquismo e de que modo essa corrente de pensamento se diferencia daquela elaborada por Karl Marx.

Primeiro autoproclamado governo proletário do mundo, a Comuna é extremamente importante para aqueles interessados em compreender o ideário anarquista e sua história. Ali, naquele momento, o vulcão do operariado explodiu e sua lava fez os burgueses parisienses correr, preocupados. Tal evento se desencadeou após a desastrosa declaração de guerra contra a Prússia – Napoleão III havia falsificado um documento para legitimar um ataque francês contra os prussianos e, assim, tentar permanecer no poder um pouco mais – e a prisão do imperador pelo exército prussiano, levando à instauração da Terceira República. Para apaziguar os prussianos, o recém-eleito presidente francês, Louis Adolphe Thiers, assinou um armistício, no qual ficou estabelecido que a população francesa entregaria boa parte de suas armas e desmobilizaria seu exército. A notícia caiu como uma bomba em Paris, cada vez mais isolada do processo de decisão política e tendo de lidar com as lutas proletárias que se processavam em seu interior. Como solução, a burguesia local estabeleceu que apenas os trabalhadores – que foram convocados e armados para lutar contra o exército prussiano – deveriam entregar suas armas. Insatisfeitos, os trabalhadores parisienses se recusaram a entregá-las e tomaram a prefeitura da cidade, decretando a autonomia da região. O prefeito foi preso e julgado. A polícia foi abolida, por ser considerada o verdadeiro cão de guarda da burguesia, e acabou sendo substituída pela guarda nacional, composta unicamente por operários. A educação, até então na mão dos padres, foi secularizada e passaria a ser administrada pelo povo. A igualdade salarial foi introduzida e qualquer disparidade abolida. Tudo isso em apenas uma semana. Nesse processo, as autoridades anteriormente eleitas e os representantes da alta burguesia e da nobreza fugiram apressados, juntamente com os padres e outras pessoas ligadas ao clero. Com Paris esvaziada, os trabalhadores puderam governar para si próprios.

Em pouco menos de um mês, a Comuna fez mais reformas em prol do operariado urbano e rural do que a maioria dos governos anteriores. O trabalho noturno foi abolido, cooperativas foram montadas, casas foram distribuídas para a população mais carente, a jornada de trabalho foi reduzida, os sindicatos foram regularizados etc. Um governo autônomo, feito por e em nome dos trabalhadores. Um governo abertamente inspirado pelo ideário anarquista, crente de que todos são iguais e todos merecem os mesmos direitos. Não tardou para que o movimento fosse duramente reprimido, como era de se esperar. Enquanto os trabalhadores legislavam livremente, a Europa assistia a tudo estarrecida e começava a dar mostras de preocupação: se os trabalhadores do restante do mundo se organizassem e tomassem o poder, o que os países iriam fazer? Pressionado, o presidente Thiers – preocupado com o fato de que o movimento se espalhasse e inspirasse outros tantos iguais ao redor do mundo – decidiu, junto com o exército prussiano, marchar contra a cidade e cerca de 80 mil pessoas perderam a vida nessa batalha. A Comuna resistiu como pôde, embora possuísse pouco menos de 15 mil soldados, acreditando até o fim que a liberdade era um bem pelo qual valia a pena dar a própria vida.

Esse evento histórico marcaria o pensamento político do período. Karl Marx, por exemplo, escreveu que a Comuna seria a esfinge que atormentaria o espírito burguês dali em diante e passou a considerar que uma emancipação só seria possível, se os trabalhadores tomassem a dianteira do processo revolucionário. Diz-nos Marx:

> Quando a Comuna de Paris tomou a direção da revolução nas suas próprias mãos; quando simples operários ousaram pela primeira vez na História violar o monopólio governamental dos seus "superiores naturais" e, em circunstâncias de dificuldade sem precedentes, realizaram sua obra modesta, conscienciosa e eficazmente, com salários, o mais alto dos quais mal atingia, segundo uma alta autoridade científica, um quinto do

> mínimo recebido por uma secretária de conselho escolar de Londres, o velho mundo contorceu-se em convulsões de raiva ante o espetáculo da Bandeira Vermelha, símbolo da República do Trabalho, tremulando sobre o Hôtel de Ville. (MARX apud COGIOLLA, 2003, p. 50)

Embora empolgado com o evento, Marx teceu duras críticas aos trabalhadores que tomaram o poder. Na concepção do filósofo alemão, os revoltosos deveriam criar as bases para um futuro governo socialista, em vez de se preocupar com medidas menores, como a abolição da propriedade privada e a criação de um modelo educacional laico. Marx entendeu que os revoltosos se dedicaram a mudar os modos de existência dos trabalhadores mais do que a instituir um governo revolucionário. Não foram suficientemente socialistas, diz Marx em sua obra *A Guerra Civil na França*. Deveriam, portanto, ter estabelecido alianças com as camadas rebeldes da burguesia e negociado com Thiers a manutenção do governo proletário.

Ora, ao escrever suas críticas, Marx pensava em outro registro ideológico: o comunismo. Se tentasse pensar o evento sob uma ótica mais anarquista, talvez concordasse com Mikhail Bakunin, um dos maiores teóricos desse movimento, autor para quem a Comuna foi uma tentativa de criar uma nova ordem social pautada na ideia de liberdade, uma ordem revolucionária. Discordando de

Marx, autor com quem compartilhava algumas ideias até então, Bakunin assim defende sua visão de mundo:

> Os comunistas imaginam poder alcançar esse objetivo mediante o desenvolvimento e a organização do poder político das classes trabalhadoras e em especial do proletariado urbano, com ajuda do radicalismo burguês, enquanto os anarquistas revolucionários – inimigos de todas as uniões e alianças ambíguas – creem, pelo contrário, que tal objetivo somente poderá ser alcançado mediante o desenvolvimento e a organização do poder, não político, mas social e, por conseguinte, antipolítico das massas trabalhadoras urbanas e rurais, incluindo todos os homens de boa vontade das classes superiores que, rompendo com seu passado, unam-se abertamente a eles e aceitem totalmente seu programa. (BAKUNIN apud COGIOLLA, 2003, p. 63)

Comunistas e anarquistas convergem em seu interesse: a promoção da liberdade humana e a destituição de qualquer forma de exploração. Divergem, contudo, na maneira como pensam atingir esse objetivo. Enquanto os comunistas acreditam que haja necessidade de uma organização política, de partidos e instituições capazes de fazer valer frente aos demais governos a vontade do proletariado, os anarquistas pensam que sejam necessárias primeiramente uma organização social, uma modificação dos modos de existência e das relações sociais estabelecidas entre os homens. Para os comunistas, faz-se necessário tomar o poder e instituir um estado proletário, chamado de socialista, que teria uma função transitória até atingir o ideal, a sociedade livre. Os anarquistas, discordando dessa ideia, argumentam que substituir um governante burguês por um proletário continuaria gerando exploração, continuaria gerando, no seio da sociedade, uma divisão entre aqueles que mandam e aqueles que obedecem. A Comuna, nesse sentido, foi emblemática por ter demonstrado a importância de modificar a forma como as relações sociais estão estratificadas. De nada serve uns poucos tomarem o poder em nome de outros, se isso não vier a modificar radicalmente as existências individuais. Ora, de que adianta um governo autônomo, se ainda restam outras formas de dominação: de raça, de gênero etc. Esse é o espírito que vai inspirar outros tantos movimentos surgidos depois desse.

Hoje, por exemplo, não raro encontramos discussões sobre micro e macropolítica. Autores como os filósofos franceses Gilles Deleuze e Félix Guattari, por exemplo, enxergam a existência desses dois campos conflitantes. Enquanto o campo macropolítico diz respeito às lutas institucionais, em torno do estado, por exemplo, a micropolítica diz respeito a lutas mais interiores, aos modos como somos construídos enquanto sujeitos. Nessa outra perspectiva, de nada adianta militar pela democracia se, no dia a dia, eu assumo atitudes totalitárias em meu lar e em relação a meus amigos e amigas. Essa percepção de que há um nível micropolítico, ou existencial, que também é político, ressoa muito do ideário anarquista bakuniano. De alguma maneira, o anarquismo não se resume a uma tomada de poder, não se resume a ser apenas um projeto político, visto também possuir um aspecto existencial que, algumas vezes, pode se tornar mais importante que a própria luta política.

Encontramos essa preocupação existencial em diversos outros momentos da história do anarquismo. No Brasil, por exemplo, veremos surgir, em 1890, a chamada Colônia Cecília. Inspirada nos preceitos da Comuna de Paris, um grupo de pessoas se organizou para montar uma comuna no interior do Paraná. Ali, sob a liderança de Giovanni Rossi, instituições como a Igreja e a família foram abolidas. Os colonos viveram do usufruto daquilo que plantavam, viviam em comunidade e não havia posses de nenhuma ordem. As crianças ali nascidas não eram filhos de nenhum casal específico, até porque não havia casamentos nos moldes tradicionais e a prática da poligamia era incentivada; as crianças, portanto, eram educadas por toda a comunidade. A Colônia Cecilia perdurou até 1894, quando foi desmembrada por causa, sobretudo, da aridez do solo que impediu o florescimento de uma agricultura capaz de alimentar os mais de quinhentos colonos ali estabelecidos. O escritor Miguel Sanches Neto representou lindamente a história dessa experiência anarquista em seu livro *Um amor anarquista*. Percebemos, nessa experiência, que o mais importante não era necessariamente tomar o estado, mas produzir uma existência diversa, livre de qualquer autoridade.

O anarquismo, portanto, deve ser compreendido como algo mais do que um movimento político. A política é fundamental, as lutas e os engajamentos em causas sociais são necessários, mas o modo como cada um leva essas causas para dentro de sua própria existência também é importante. Pode-se dizer que o anarquismo, antes de refletir um ideário político, é um modo de existência. Adotar uma postura anarquista não se resume apenas a pregar a abolição do estado, o fim da propriedade privada, uma educação laica etc. Ser anarquista é também se engajar em uma existência que prima pela liberdade em cada pequeno ato, que prima pela solidariedade com todos os seres e espécies. Não por outro motivo, há inúmeros grupos anarquistas adeptos do veganismo, por compreenderem que a exploração animal também é uma forma de autoritarismo – o especismo. Há anarquistas que pregam o modelo agroecológico, boicotando as grandes indústrias produtoras de alimentos e procurando consumir apenas alimentos orgânicos plantados por pequenos produtores, que não exploram mão de obra alheia e tampouco poluem o ambiente. Uma visão de mundo anarquista, portanto, implica conceber toda a nossa existência como passível de escolhas políticas: será que aquilo que eu como, aquilo que eu visto, aquilo que eu penso, aquilo que eu falo, ofende a outra existência? Será que minha existência está plenamente voltada ao ideal libertário, procura libertar a vida ali onde ela se encontra aprisionada, ou replica certos tipos de exploração em uma escala mais individual? Por esses e tantos outros motivos, compreender o anarquismo como um complexo sistema de pensamento, cujas implicações existenciais não são poucas, é algo importante e necessário.

Sabemos que, nos dias atuais, o anarquismo se viu vítima das mais variadas confusões, chegando, por exemplo, a ser associado a certos símbolos da cultura de massas. Tomemos o exemplo do personagem V, presente tanto no filme *V de Vingança* quanto na HQ de mesmo nome, escrita por Alan Moore. Nessas obras, vemos o personagem principal vestindo a máscara de Guy Fawkes, um soldado católico que tentou explodir o parlamento inglês no século XVII, e lutando contra os desmandos de um governo autoritário. O personagem, que viria a se tornar símbolo de movimentos como o *Anônimos*, foi logo considerado por muitos como símbolo anarquista, assim como Guy Fawkes. Um breve estudo do anarquismo mostra como essas leituras são equivocadas. Em primeiro lugar, Guy Fawkes está longe de ser considerado um precursor do anarquismo. Esse soldado católico, interessado em explodir o parlamento, apenas buscou matar o rei protestante James I, para colocar em seu lugar um rei católico. Seu gesto, conhecido como a "conspiração da pólvora", não buscou desmascarar a tirania reinante ou instituir uma sociedade pautada na liberdade de todos e qualquer um, antes quis apenas voltar a outra forma de dominação. O personagem V, por sua vez, embora flerte com muitos elementos do ideário anarquista, mais do que o próprio Guy Fawkes, aproxima-se mais do ideário romântico pelo caráter individual de sua revolta. A vida anarquista, por excelência, é uma vida pautada pelo coletivo. Sim, a vingança de V poderia libertar os homens do estado de dominação em que se encontravam, mas o anarquismo não se resume apenas na destruição de um modelo de poder. O anarquismo é também construção de outra existência, sobretudo por meio da educação e da arte.

Outra apropriação recente, muito perigosa, é aquela que associa o ideário anarquista ao liberalismo. Há tempos, surgiu no seio da doutrina econômica liberal o termo anarcoliberalismo ou anarcocapitalismo ou anarquia de livre mercado. Essas correntes, entusiastas do livre mercado irrestrito, não possuem qualquer relação com o anarquismo tal como o conhecemos, sendo apenas vertentes extremadas do liberalismo econômico, proposto no XIX por Adam Smith e acentuado no século XX, em sua vertente neoliberal, pelos economistas da Escola de Chicago. Os anarcocapitalistas não chegam a pregar o fim do Estado propriamente, mas sim o fim da intervenção estatal na economia, de modo que a classe burguesa possa usufruir de mais lucros. Os defensores dessa modalidade de liberalismo não possuem qualquer pretensão em promover a igualdade de oportunidades entre todos os homens, tampouco se interessam em promover a partilha social de bens – casa para aqueles que não possuem um teto, comida para os que têm fome etc. Para eles, só interessa a liberdade do capital. Eles não se importam em investir em empresas que usufruem de trabalho escravo, por exemplo, desde que isso gere lucros, o suficiente para evitar qualquer propaganda negativa. Estudar o anarquismo, portanto, permite entender que essa corrente de pensamento jamais se filiaria ao interesse do capital, ao benefício de alguns em detrimento de muitos. Enquanto houver pobreza e exploração, será do lado dos pobres e explorados que o anarquismo lutará. Jamais ao lado de banqueiros e outros especuladores que defendem essa monstruosidade chamada de anarcoliberalismo. Não conhecer a história do anarquismo, suas correntes e ideário, pode permitir que confusões desse gênero se fortaleçam e que as lutas anarquistas, hoje em voga, percam espaço.

Há outras tantas apropriações culturais que poderiam ser aqui mencionadas, ressaltando que nem todas as apropriações do ideário anarquista são ruins ou deturpadas. A cena *punk* talvez seja o maior exemplo nesse sentido. O "A" que extravasa um círculo, demonstrando que o anarquismo é um movimento passível de extravasar qualquer limite ou ordenação, virou quase que o símbolo universal do anarquismo, assim como a bandeira negra. Algumas vezes, esse logotipo é utilizado de maneira aleatória, como mera representação gráfica. Mas sabemos que a cena musical *punk* cresceu e se enriqueceu por meio do diálogo com as teorias anarquistas do século XIX, sendo hoje um dos maiores polos difusores desse legado. É muito comum, em ocupações e espaços culturais ligados ao *punk rock*, encontrarmos palestras e conferências sobre os pais do anarquismo – Proudhon, Bakunin, Malatesta, Kroptotkin e Goldman.

É importante conhecermos um pouco do anarquismo, sobretudo seu ideário, para entendermos como esse movimento é verdadeiramente rico. Este livro pretende ser uma breve introdução ao estudo e à compreensão do anarquismo. Nos próximos capítulos, apresentaremos o conceito geral e abrangência do termo anarquismo e como ele se associa a certo modelo de existência. Depois, passaremos a apresentar as ideias dos pais fundadores do anarquismo ou, como sugere Patrizia Piozzi, as ideias dos arquitetos da ordem anárquica. Por fim, abordaremos algumas teorias políticas contemporâneas, de modo particular no campo educacional e artístico. Ao longo do livro, sugeriremos obras introdutórias e autores, para que o leitor possa aprofundar sua leitura em determinado tema de seu interesse. Esperamos que a leitura lhe seja proveitosa.

# 2 A VIDA ANARQUISTA

Em um curso intitulado *A Coragem da Verdade*, Michel Foucault argumentou sobre a existência de uma vida verdadeira ou uma existência bela, uma vida em que discursos e gestos coincidem. Nessa vida, aquilo que professamos, as crenças que confessamos, não são apenas palavras soltas às quais nos agarramos para conquistar aceitação social ou algo do gênero. Uma religião, por exemplo, pode ser um mero discurso; uma pessoa pode muito bem ir aos encontros de sua Igreja, estudar o evangelho, decorar os mandamentos, mas, no dia a dia, adotar pequenos gestos que desmentem sua fé ou que ofendem a moral adotada por sua religião. Exemplificamos aqui com a religião, mas, na verdade, a maioria das pessoas não vive uma vida verdadeira tal como aquela de que fala Foucault. Quantos de nós trabalhamos em locais de que não nos orgulhamos, exercendo funções que nos aborrecem? Mas, diante de nosso chefe, quando questionados se estamos satisfeitos com nosso trabalho, logo afirmamos que sim, para evitar qualquer espécie de represália – uma demissão, por exemplo. O mesmo ocorre em nossos relacionamentos. Ainda que insatisfeitos com alguma relação amorosa ou de amizade, por um motivo ou outro, acabamos calando essa insatisfação para evitar magoar os outros. Uma pessoa que busca viver uma vida verdadeira, porém, não se importa em denunciar a seu chefe quanto seu trabalho o aborrece, por não possuir nenhum sentido interessante, e quanto alguma coisa não vai bem em um relacionamento, ainda que isso magoe o outro. Embora ilustremos a vida verdadeira foucaultiana com exemplos triviais, veremos que os menores gestos dessa existência bela importam muito. Ser sincero com aquilo em que se acredita, ainda que isso possa levar a uma série de problemas – no trabalho, nas relações pessoais etc. –, implica considerar cada pequeno gesto como algo extremamente importante, pois cada pequeno gesto expressa a escolha de vida feita por um indivíduo. A vida, nessa chave interpretativa, torna-se o espaço no qual emerge aquilo que Foucault denominou de escândalo da verdade, uma prática que remete ao modelo de filosofia cínica. O cinismo é uma escola de filosofia surgida na Grécia, no século V a.c., representada sobretudo pelo pensamento de Antístenes e Diógenes – filósofos contemporâneos de Sócrates e Platão, respectivamente. Vejamos o que nos diz Foucault sobre esse grupo de pensadores:

> O cinismo não se contenta portanto com acoplar ou fazer se corresponderem numa harmonia ou numa homofonia um tipo de discurso e uma vida conforme apenas aos princípios do discurso.

> O cinismo vincula o modo de vida e a verdade a um modo muito mais estrito, muito mais preciso. Ele faz da forma de existência uma condição essencial para o dizer-a-verdade. Ele faz da forma da existência a prática redutora que vai abrir espaço para o dizer-a-verdade. Ele faz, enfim, da forma da existência um modo de tornar visível, nos gestos, nos corpos, na maneira de se vestir, na maneira de se conduzir e de viver, a própria verdade. (FOUCAULT, 2011, p. 150)

Nessa filosofia cínica, portanto, o discurso não precede a existência. Não se pode ser, por exemplo, cínico apenas da boca para fora; antes de se declarar cínico, é preciso adotar certo modo de vida, vestir-se de determinado modo, gesticular e falar de certa maneira, agir em sociedade de um jeito específico. Enfim, adotar certas escolhas existenciais que tornam, inclusive, desnecessário dizer que você é um filósofo cínico; os outros membros da sociedade logo perceberão, sem que você precise dizer. É o escândalo da verdade, diz Foucault. Escândalo pelo modo como a verdade se manifesta, de maneira escandalosa, sem filtros, sem qualquer apaziguamento. Uma verdade nua e crua, que pode ofender a muitos. Por qual razão recuperar essa história, que parece tão distante do anarquismo? Porque, de certa forma, o anarquismo dialoga com essa perspectiva filosófica.

Caso resgatemos alguma história do anarquismo, veremos que boa parte de suas páginas são dedicadas a discutir o movimento surgido no século XIX. São poucos os capítulos dedicados aos movimentos anteriores a esse período que, embora não se digam anarquistas, acabaram influenciando com ideais e gestos o movimento. Por esse motivo, Max Nettlau, autor de um importante livro intitulado *História da Anarquia: das origens ao anarco-comunismo*, argumenta que as influências do anarquismo podem ser buscadas muito longe, e que "a história da ideia anarquista é inseparável da história de todas as evoluções progressivas e das aspirações à liberdade" (NETTLAU, 2008, p. 27). Ora, os filósofos cínicos, nesse aspecto, podem sim ser vistos como envolvidos num movimento que precedeu o anarquismo, uma vez que buscaram construir uma conduta que aspirava romper com a moral e os costumes gregos, com toda e qualquer forma de tirania, em favor de uma liberdade de pensamento nunca antes vista.

Foucault, nesse sentido, foi o primeiro a notar que era plausível remeter ou fazer remontar o movimento anarquista aos filósofos cínicos. Ainda em seu curso, *A Coragem da Verdade*, o filósofo francês fala que a vida revolucionária buscada pelos anarquistas compartilha com os cínicos uma mesma opção por aquele escândalo da verdade. Os anarquistas, além disso, elevaram esse escândalo da verdade a outro patamar, compreendendo que, para haver tal escândalo, deveriam ser atendidos três critérios: a socialidade, a organização institucional e o testemunho pela vida. Vejamos um pouco mais sobre esses três critérios, buscando compreender, ao final, como eles se articulam com o escândalo da verdade.

## a. A socialidade

Em primeiro lugar, a socialidade. É importante notar que Foucault não pensa a vida anarquista em termos de sociedade, compreendida como um conjunto de indivíduos que partilham uma série de instituições, mas socialidade, ou seja, uma propensão à vida social, à organização social que passa ao largo de um estado constituído. Quando falamos em socialidade, não estamos pensando em termos de estado, mas sim em vínculos entre indivíduos. No caso de Foucault, podemos afirmar, ele pensa a socialidade anarquista como a construção de vínculos sociais a partir de bases diferentes daquelas que costumeiramente animam o tecido social. A socialidade seria por ele definida como "associações, complôs contra a sociedade presente e visível, constituição de uma sociedade invisível pautada por um princípio ou um objetivo milenarista" (FOUCAULT, 2011, p. 161). O milenarismo, apontado ao final da fala do filósofo, diz respeito a uma crença na possibilidade de instaurar um mundo mais justo e feliz; trata-se de uma característica comum tanto a grupos religiosos quanto políticos que buscam promover uma melhoria coletiva nesse mundo.

Em linhas gerais, os grupos humanos partilham um mesmo conjunto de crenças e valores; a sociedade se funda a partir dessa partilha. Por exemplo, a sociedade capitalista é fundada em uma crença nos poderes dos indivíduos, na possibilidade de cada um vir a se tornar um sujeito bem sucedido, e insiste no valor da meritocracia, na predominância daqueles que possuiriam mais mérito do que outros. Isso não impede, contudo, que dentro dessa sociedade se criem outros vínculos, alguns em atrito com os valores sociais vigentes – coletivos anarquistas, grupos políticos antimaterialistas etc. Essa criação de outros vínculos sociais, no seio de uma mesma sociedade, define a socialidade pensada por Foucault.

Para ilustrar um pouco mais essa socialidade, procuremos nos aprofundar na análise dos valores que regem a sociedade capitalista e busquemos compreender como é possível criar outros vínculos em seu interior, vínculos que não necessariamente prolongam os valores dessa sociedade. No capitalismo, cada indivíduo, visto como um mundo em si, deve procurar as melhores oportunidades e buscar vencer na vida por seus próprios méritos. A concorrência é um princípio norteador dessa sociedade. Essa é a base do pensamento meritocrático, em linhas gerais. Nesse modelo, desconsidera-se a desigualdade estrutural presente em uma sociedade – os eventos históricos, o racismo, o machismo e tantas outras máculas que podem favorecer uns em detrimento de outros –, levando em consideração apenas a trajetória individual de um sujeito.

Uma socialidade anarquista, por sua vez, levaria em consideração que os recursos disponíveis no seio dessa sociedade capitalista não são distribuídos do mesmo modo entre todos e, por esse motivo, não há como se pautar por um ideário meritocrático. Portanto, os indivíduos que pactuarem com essa socialidade, buscarão criar vínculos sociais que não levem em consideração apenas trajetórias individuais, mas também toda a estrutura histórica na qual um indivíduo se vê inserido. E mais, os vínculos construídos não irão seguir a ideia de concorrência, mas o da solidariedade.

Tomemos um caso para exemplificar essa questão. Comparemos a trajetória de dois jovens: um, morador da periferia de uma grande cidade; o outro, morador em um bairro nobre da mesma cidade. Enquanto o primeiro jovem estudou a vida inteira em colégio no qual faltam professores, no qual por vezes as aulas eram canceladas porque a escola não possuía infraestrutura básica para atender os alunos – quando chovia, por exemplo, a escola alagava. Esse jovem, além do mais, pertence a uma família de baixa renda e, por esse motivo, jamais pôde custear um curso de inglês, não conseguiu comprar um computador e tampouco teve acesso a bens culturais – cinema, teatro etc. Imaginemos que, esse mesmo jovem precisou ingressar cedo no mercado de trabalho e se viu obrigado a cursar o colégio no período noturno. Na maioria das vezes, chega cansado e não consegue reter o conteúdo da lição passada pelos professores. O outro jovem, por sua vez, estuda em um renomado colégio de sua cidade, em período integral. Esse colégio tem ótimos professores, visto que paga melhores salários, e possui uma enorme infraestrutura – os alunos fazem aulas de computação, inglês, espanhol e outras tantas. Sua família possui uma renda considerável, permitindo a esse jovem sair nos finais de semana, ver filmes e assistir shows. Por todo esse contexto favorável, esse jovem não precisa trabalhar.

Compliquemos um pouco mais essa história. Imaginemos que o primeiro jovem é negro e o segundo, branco. O primeiro jovem, algumas vezes, já entrou em uma loja e foi seguido pelo segurança, que achava que ele poderia roubar algo, já foi abordado pela polícia enquanto ia para a escola, prejudicando ainda mais o desempenho dele em sala de aula, e por aí vai. O primeiro jovem, como se não bastasse a situação em que vive, também foi vítima de racismo, algo que o segundo jovem conhece por ter estudado o tema ou mesmo por ter visto um filme. Imaginemos que ambos, assim que terminarem seus estudos, irão prestar o vestibular para o curso de medicina. A concorrência entre eles não seria algo desigual?

A história que contamos pode ser ainda mais complexa. Se, em vez de jovens do sexo masculino, estivéssemos falando de mulheres, a situação se agravaria ainda mais. Conforme inúmeras pesquisas recentes, sabemos que as mulheres recebem salários inferiores aos dos homens; mulheres negras, por sua vez, recebem menos que mulheres brancas. Essa disparidade é decorrente do machismo que impera em nossa sociedade, machismo que prima por considerar o trabalho masculino como mais importante do que aquele desenvolvido por mulheres. É possível perceber a quantidade imensa de desigualdades que torna o discurso meritocrático um verdadeiro conto de fadas, assim como impossibilita que haja uma justa concorrência no seio da sociedade? Por qual motivo o capitalismo continua defendendo esses valores? Porque essa desigualdade trabalha a favor de uma minoria, uma minoria que consegue lucrar com a pobreza e a miséria alheias. Cientes desse fato, coletivos políticos diversos lutam em prol de mudanças sociais profundas, capazes de promover condições iguais para todos. Os anarquistas estão entre esse grupo. E mais, reconhecem que o Estado também trabalha na promoção dessa desigualdade, uma vez que ele é dominado justamente por essa minoria que lucra com o sofrimento alheio. Por isso, não lutam apenas contra a desigualdade, mas também contra esse estado corrompido.

Voltemos ao nosso exemplo. Um capitalista diria que, ao primeiro jovem, bastaria que ele estudasse para merecer a vaga. Mas seria justo exigir isso de um garoto que se vê obrigado a trabalhar para ajudar na manutenção de sua casa e cuja educação é deficiente, pois não domina outra língua, não possuí dinheiro para comprar livros ou pagar um cursinho? Alguns, ainda assim, dizem que sim. Esse jovem, para eles, poderia fazer por merecer, "correr atrás do prejuízo". O problema dessa fala reside justamente em sua insolência, uma vez que ela reconhece haver um prejuízo a ser sanado, mas entendendo que esse prejuízo deve ser superado pelo próprio indivíduo, não cabendo nenhuma parte de responsabilidade para a sociedade e/ou para o estado. O jovem garoto negro, portanto, está sozinho em sua luta. Felizmente, alguns acreditam ser injusto esse tratamento e tentam, da maneira que é possível, oferecer uma rede de solidariedade para auxiliar esse jovem. Entendem que a vida não é uma concorrência pura e simples. São imbuídos, portanto, de valores mais solidários. É do lado dessas pessoas que os anarquistas se colocam.

Por qual razão, você ainda pode se perguntar, insistimos tanto nessa disparidade entre jovens brancos moradores de bairros nobres e jovens negros de periferia? Não podemos nos esquecer que o Brasil foi um dos últimos países a abolir a prática da escravidão, apenas em 1888. A abolição, contudo, não foi feita de maneira a integrar a população negra na sociedade, concedendo acesso aos mesmos bens de que os brancos desfrutavam. Por séculos, a população negra foi retirada de sua terra e violentamente trazida para o nosso país; ao serem libertados, sem qualquer espécie de indenização, se viram obrigados a se integrar em um país com uma cultura muito distinta daquela que conheciam e sem meios para se integrar. Acabaram, assim, indo morar nas regiões mais baratas, as periferias das cidades. Muitos, por não possuírem qualquer tipo de formação, acabaram aceitando os trabalhos com menor remuneração no mercado – empregadas domésticas, serviços de limpeza, pedreiros etc. Não surpreende que ainda hoje, boa parcela dos moradores de periferia sejam negros e recebam os piores salários. Como esperar que um jovem negro, cuja mãe recebe pouco mais de um salário mínimo com sorte, possa usufruir das mesmas condições de um jovem branco de classe média? O capitalismo diz que ambos, por serem indivíduos, podem prosperar, dependendo apenas de seus méritos. Contrários a esse pressuposto, os anarquistas se organizam e tentam redimir essa disparidade.

Muitos cursinhos populares/comunitários, interessados em promover o acesso da população negra às melhores universidades do país, dialogam com o ideário anarquista, procurando adotar outra socialidade. Percebem que há uma defasagem estrutural na formação desses jovens, em sua maioria estudantes de escolas sem qualquer infraestrutura e sem acesso a bibliotecas, espaços culturais etc. Jovens como aquele do exemplo citado acima, jovens que, ao tentar ingressar no ensino superior, prestando vestibulares para as mais concorridas universidades públicas, acabam tendo de concorrer com outros tantos que puderam estudar em boas escolas particulares, em tempo integral em sua maioria, e tiveram acesso a livros, cinemas e tantos outros benefícios. Acreditando que essa concorrência é injusta, esses cursinhos adotam outra premissa de base e procuram redimir a defasagem dos jovens periféricos, negros em sua maioria. Há um quê de anarquismo nesse gesto? Sem dúvida.

Lembremos que a palavra anarquia vem do grego clássico. O "a" inicial de anarquia é uma partícula negativa, indicando ausência ou contrariedade. O restante da palavra vem do grego "arkhê", que possui inúmeros significados. Marilena Chauí, em sua *Introdução à História da Filosofia*, assim define essa palavra:

> O que está à frente. Esta palavra possui dois grandes significados principais: 1) o que está à frente e por isso é o começo ou o princípio de tudo; 2) O que está à frente e por isso tem o comando de todo o restante. No primeiro significado, arkhê é fundamento, origem, princípio, o que está no princípio ou na origem, o que está no começo de modo absoluto; ponto de partida de um caminho; fundamento das ações e ponto final a que elas chegam ou retornam. No segundo significado, arkhê é comando, poder, autoridade, magistratura; coletivamente significa: o governo; por extensão, reino, império. Com esse segundo

> sentido, arkhê compõe as palavras que se referem
> às três formas do comando político: monarkhia
> ou o comando de um só; oligarkhia ou o comando
> de alguns ou de um pequeno número de famílias;
> anarkhia ou o não comando, a falta de comando.
> (CHAUÍ, 2011, p. 495-6)

Se adotarmos a breve definição de anarquia dada por Marilena Chauí, podemos achar que anarquia é falta de comando, mas não é apenas isso, como nota a própria autora. Anarquia, de acordo com a história da palavra, também é a negação do princípio diretor de uma sociedade, seu fundamento ou origem. E, ainda mais, diz respeito a uma recusa em aceitar certas autoridades imbuídas desses princípios. Quando afirmamos, portanto, que os cursinhos comunitários possuem um lastro anarquista, isso se deve ao fato de eles se recusarem a aceitar o princípio capitalista da livre concorrência e da meritocracia. Em seu lugar, adotam outro princípio social, a solidariedade. Organizam-se então em torno desse princípio, criando uma rede de socialidade apta a ajudar os mais necessitados. Dialogam por isso com a vida anarquista, uma vida na qual a socialidade, ou a solidariedade, importa mais do que a sociedade e o estado, no geral corrompidos por valores exploratórios.

## b. Organização institucional

Enquanto a socialidade diz respeito à adoção de outros vínculos sociais, pautada em valores contrários àqueles propagados na sociedade atual, a organização diz respeito ao militantismo. O militantismo é a organização política dos indivíduos, não mais pensada em termos de vínculos criados e que procura "impor seus objetivos e sua dinâmica no campo social e político" (FOUCAULT, 2011, p. 161). Enquanto a socialidade procura construir vínculos paralelos ao Estado, o militantismo compreende que, para uma melhoria das condições de existência da maioria, convém modificar as estruturas sociais.

A ideia de organização é muito importante para o anarquismo, mesmo para aquelas correntes de caráter mais individualista – como a corrente chamada *anarcoindividualismo*, inspirada por Max Stirner, autor do livro *O único e sua propriedade*. Para os adeptos dessa corrente de pensamento, a vontade individual seria mais forte do que qualquer outra espécie de vínculo – moral, ideológico, institucional etc. De algum modo, sob influência do pensamento de Thomas Hobbes, pensador do clássico *Leviatã*, os autores filiados a essa corrente argumentam que o homem possui uma natureza indomável e uma propensão a fazer valer apenas os seus próprios interesses individuais. Diante disso, a associação humana só é possível considerando interesses similares e, mesmo assim, essa associação deve ser transitória. Por esse motivo, Stirner considera que os vínculos sociais devem ser criados e desfeitos de acordo com as lutas empreendidas; não é possível manter vínculos duradouros, pois em dado momento os interesses irão divergir e isso poderia acarretar uma verdadeira guerra.

Embora considere impossível construir vínculos duradouros e, portanto, julgue impossível criar outra socialidade, Stirner não desconsidera a organização. Organizar-se por grupos de interesse, visando criar pressões para modificação da situação política atual, é algo fundamental. Para os adeptos do anarcoindividualismo, a desobediência civil é o principal meio de luta, mas, para se tornar uma luta efetiva, necessita de organização. Henry David Thoreau, autor do clássico *A Desobediência Civil*, já insistia nesse aspecto: embora possamos romper individualmente com o contrato social, recusando-nos a pagar impostos, por exemplo, precisamos de uma organização efetiva de distintos agentes para o enfrentamento dos desmandos do estado.

Pensando em um exemplo concreto, podemos ilustrar essa necessidade de organização comum a todas as linhagens do pensamento anarquista – desde aquelas mais adeptas de lutas coletivas até o anarcoindividualismo – por meio dos movimentos de boicote. Recorrentemente ouvimos a expressão "boicotar", um termo que denota uma recusa, coletiva ou individual, de certos tipos de trabalho, de participação em certos eventos, de consumo de certos produtos e assim por diante. Essa recusa necessariamente é motivada por motivos políticos. Por exemplo, nos recusamos a comprar determinado tênis ou alguma roupa, por sabermos que a marca produtora utiliza mão de obra semiescrava em suas confecções, normalmente localizadas em países sem qualquer fiscalização, a fim de aumentar sua taxa de lucro. Por considerar essa prática injusta, uma vez que ela implica a exploração de outro ser humano, nos recusamos a consumir esse produto. Outros tantos motivos podem servir de justificativa para um boicote; como para os adeptos do veganismo, que se recusam a comprar um produto que utilize qualquer insumo animal.

A palavra boicote surgiu na língua portuguesa por volta da década de 1980, derivada do verbo inglês *boycott*. O termo foi cunhado pelo jornal inglês *Times*, em 1880, ao se referir ao caso de Charles Cunningham Boycott (1832-1897). Boycott era um capitão reformado da marinha inglesa, administrava as terras de um nobre, colega seu, na Irlanda. Considerado um administrador rígido pelos camponeses, Boycott começou a cortar os salários de seus trabalhadores e a pagar menos do que o acordado no início da colheita. Como represália, o sindicato dos trabalhadores rurais se organizou e começou uma campanha pública, denunciando os desmandos do capitão. Essa campanha fez com que nenhum agricultor aceitasse trabalhar para ele e seus fornecedores deixaram de lhe vender produtos. A certa altura, o movimento ganhou tantos adeptos que até os correios deixaram de lhe entregar cartas. A colheita de suas terras acabou sendo feita por trabalhadores trazidos de outras regiões do império britânico e com o auxílio do exército. Mesmo conseguindo, finalmente, realizar sua colheita, essa organização institucional produziu uma pressão tão grande que Boycott teve de fugir da Irlanda para evitar outros tantos tipos de represálias. Seu nome, contudo, acabou sendo utilizado para designar qualquer ato de organização que visasse pressionar politicamente um cidadão ou uma empresa acusada de práticas exploratórias ou algo do gênero.

Ao longo da história, houve inúmeros outros famosos casos de boicote. Martin Luther King Jr., o pastor batista ativista dos direitos civis, e Rosa Parks estiveram à frente de um dos maiores movimentos de boicote do século XX nos Estados Unidos; ambos incentivaram o movimento negro, que passou a boicotar uma empresa de ônibus em Montgomery, partidária do segregacionismo – a separação entre brancos e negros, por considerar estes últimos como seres inferiores. A empresa determinava que brancos deviam entrar primeiro e ocupar os lugares da frente, reservando os assentos de trás para a população negra. Caso um branco entrasse no ônibus, o encontrasse lotado e houvesse algum negro sentado, este era obrigado a se levantar e ceder o lugar ao branco. Rosa Parks contestou essa medida ao se recusar a ceder seu lugar a um branco. O movimento durou um ano, entre 1955 e 1956, e conseguiu derrubar a lei que permitia essa espécie de ato segregacionista. A importância dessa luta foi imensa, tanto para o reconhecimento de que brancos e negros possuem direitos iguais, quanto para permitir que o movimento negro pudesse denunciar outras tantas espécies de abusos raciais cometidos pela população branca e endossados pelo Estado.

Pouco depois, em 1960, também nos Estados Unidos, uma parte da população passou a boicotar os produtos da empresa química Dow Chemical Company. A empresa, na época, era a responsável por produzir o Napalm, líquido inflamável utilizado como arma química na Guerra do Vietnã. Em uma famosa foto, provavelmente conhecida por todos vocês, vemos uma menina vietnamita, Kim Phuc Phan Thi, correndo nua, coberta de feridas causadas pelo Napalm, líquido laranja, cuja base é gasolina e que queima a pele logo que entra em contato. Como se não bastasse o impacto causado por essa imagem, a empresa ainda foi responsabilizada pela poluição de inúmeros lagos de Michigan, cidade-sede da empresa. A pressão popular foi tão forte que ela teve de mudar sua sede e romper o contrato com o governo americano para a produção do líquido inflamável utilizado na guerra. Anos depois, porém, seria novamente alvo de boicotes. Em 1984, a empresa se viu envolvida em um dos maiores vazamentos de produtos químicos da história – 40 toneladas de gases tóxicos foram lançadas na atmosfera, matando 27 mil pessoas. Dessa vez, porém, o vazamento foi na Índia e não nos Estados Unidos. O governo indiano começou um processo de mobilização que se estendeu por vários anos, até que, em 2012, a comissão esportiva indiana se recusou a participar dos jogos olímpicos de Londres, uma vez que esse evento receberia, pela primeira vez, o patrocínio da Dow Chemical Company. A atitude da comissão indiana conquistou o apoio de muitos outros grupos, sobretudo daqueles ligados a questões ambientais, e a empresa estadunidense acabou sendo desconsiderada pela equipe promotora do evento. O processo jurídico, que estava parado até então, se encerrou dando ganho de causa à Índia.

Os exemplos citados, embora não tenham sido promovidos por militantes do movimento anarquista, resgata muitas das causas caras ao anarquismo, uma vez que são movimentos interessados em questionar o autoritarismo e a exploração do ser humano unicamente em nome do lucro. Além disso, esses são exemplos estratégicos para pensarmos as formas possíveis de organização militante. No primeiro caso, da luta pelos direitos civis nos Estados Unidos, vemos atitudes individuais, como a de Rosa Parks ocupando o lugar destinado a um branco em um ônibus, ganhar ressonância e contagiar outros tantos militantes, como ocorre num processo de contágio viral. Esses militantes, embora atuassem de maneira individual – sem criação de vínculos sociais duradouros –, convergiam para uma mesma causa: o fim do segregacionismo. Inúmeros militantes negros replicaram o gesto de Rosa Parks entre os anos de 1955 e 1956, sem estabelecer qualquer contato entre si e sem compartilhar nada além de sua indignação com a política segregacionista estadunidense. Há, contudo, uma organização por trás de seus atos. Não se trata de uma organização sistemática, com um núcleo diretor dizendo a cada um onde e como agir. Trata-se, antes, de uma organização espontânea que dá as diretrizes para que o boicote possa acontecer. É um modelo de organização muito similar àquele do anarcoindividualismo.

Um exemplo extraído da própria tradição anarquista é aquele de Henry David Thoreau, autor que, lembremos, se recusou a pactuar com um estado dito democrático que aceitava a manutenção do trabalho escravo. Passou, então, a sonegar impostos e deixou de viver na cidade, por ter de lidar com pessoas que pactuavam, de uma forma ou de outra, com a instituição da escravidão. Foi viver então na floresta, passando a plantar seus próprios alimentos e a adotar um ritmo de vida diferente daquele imposto pelo trabalho. A experiência de Thoreau foi descrita no livro *Walden – ou a vida na floresta*, e inspirou inúmeros outros movimentos de contestação depois dele. Jack Kerouac, autor *beatnik* que escreveu *On the Road*, era um ardente defensor das teorias de Thoreau, assim como Jon Krakauer, autor de *Na Natureza Selvagem*. Esses modelos de boicote à sociedade industrial, em que cada indivíduo busca alcançar uma vida em maior sintonia com a natureza, ocorrem também por contágio. Um militante inspira outro e assim por diante.

Nada impede que ações individuais possam vir a se transformar em movimentos mais bem organizados. O movimento pelos direitos civis nos Estados Unidos acabou inspirando organizações como os *Black Panthers* que, além de criarem uma organização militante, também construíram laços de solidariedade duradouros. E, no caso dos exemplos anarcoindividualistas, um grupo de jovens interessados em seguir outro estilo de vida, pode resolver montar uma ecovila e nela viver. Esta última opção, aliás, tem crescido consideravelmente nos dias de hoje, atraindo cada vez mais pessoas interessadas em uma vida anticapitalista.

O outro exemplo trabalhado aqui, o boicote à empresa Dow, demonstra um modelo de organização sistemática, contraposto ao modelo espontâneo. Um grupo de indivíduos se organiza em prol de uma causa, pensa formas de ação e de intervenção – protestos na porta da fábrica, panfletagem nas ruas, manifestações e assim por diante. Essas ações não implicam necessariamente na criação de laços duradouros, como na socialidade. Quantas vezes, em uma manifestação, acompanhamos o trajeto e repetimos as palavras de ordem por acreditarmos naquela causa, sem necessariamente possuirmos vínculos com aqueles que ali estão. Dentro da massa, somos um. Encerrada a manifestação, partimos para nossos lares acompanhados ou não. Essa é a beleza, aliás, da vida militante. Nós nos engajamos em causas que nos fazem conhecer pessoas que, com o tempo, se tornam nossas melhores amigas, nossas companheiras, pessoas com as quais passamos a compartilhar nossa existência.

Para tornar clara a distinção entre socialidade e organização, talvez seja importante explicitar por qual motivo um cursinho comunitário – exemplo trabalhado no subcapítulo anterior – é um modelo de socialidade, mas não necessariamente de organização. A socialidade implica em uma ação paralela à sociedade, pautada em valores diferentes daqueles que a regulam. A organização, por sua vez, implica em uma ação contrária à sociedade e ao Estado, visando acabar com as instituições propagadoras de valores como a meritocracia e o lucro. Ou seja, um cursinho comunitário pode funcionar tranquilamente, construindo seus vínculos de solidariedade, sem jamais se colocar contra a meritocracia. Pode funcionar, portanto, visando apenas preparar seus estudantes para concorrer a vagas nas melhores universidades do país e nada mais. Isso não significa que seus membros, professores e alunos, não possam partir para ações mais organizadas, visando não só inserir estudantes sem condições de acesso no ensino superior, mas também militando pelo fim do vestibular e pelo acesso universal de todos/as à universidade. Ações que implicariam em aulas de conscientização sobre cotas, manifestações com pautas voltadas aos estudantes e assim por diante. Socialidade e organização são universos que podem conviver paralelamente, sem nunca se encontrar, mas que geralmente tendem a andar juntos. Se Foucault distingue ambas as esferas, isso se deve ao fato de que é possível criar outros vínculos sociais sem se organizar militantemente e vice-versa. Além disso, sabemos que não é possível nos engajarmos em todas as causas existentes, pois engajamento exige estudo e entrega. Como não é possível conhecer tudo, tendemos a nos focar em algumas lutas, geralmente aquelas que mais nos afligem, e apoiar outras tantas, de maneira espontânea ou não, organizadas por colegas ou por grupos militantes. Transitamos sempre, portanto, entre a socialidade e a organização, buscamos conciliar as duas, mas nem sempre é viável. Por qual razão nem sempre é viável? Bem, para nos entregarmos a uma luta, não basta proferir um discurso, é preciso viver a luta no dia a dia, levar a guerra para dentro de nossa existência.

## c. Testemunho pela vida

Foucault, ao abordar o terceiro elemento característico da vida anarquista, argumenta sobre a importância do testemunho da vida. Sim, o leitor já deve ter percebido que, se a vida anarquista pudesse ser vivida apenas pela socialidade ou pela organização, isso levantaria algumas questões. Em primeiro lugar, seria possível viver uma socialidade anarquista, pautada na liberdade e na solidariedade, sem professar o anarquismo, sem se engajar em causas maiores que visam pôr fim à exploração do homem pelo homem? Isso é um problema, pois significa que um grupo de indivíduos poderia se colocar à parte da sociedade, passando a viver outra vida, sem querer combater as estruturas que continuam subjugando os outros. A solidariedade anarquista, convém lembrar, não visa apenas um grupo de indivíduos, mas todos os seres. Só haverá uma vida sem luta quando todos e todas forem livres, quando não houver exploração de nenhuma espécie. Por outro lado, é possível se organizar e combater uma série de desigualdades – participando de atos organizados pelo movimento negro, pelo movimento feminista, por outras causas similares – sem com isso construir vínculos mais duradouros. Sem a construção de uma socialidade, mais uma vez nossa luta tende a ficar restrita a certas organizações. Conforme dissemos na introdução, de nada adianta participar de uma passeata organizada pelo movimento feminista, mas em seu lar e/ou em seu relacionamento continuar perpetuando relações machistas – seja na divisão de tarefas domésticas ou mesmo ao julgar sua companheira por um ou outro ato – ou se você, simplesmente, ri de piadas preconceituosas. Por esses motivos, além de tantos outros que poderíamos apontar, o mais importante na luta anarquista é a reformulação de nossa existência. Nildo Avelino, em *Anarquistas: ética e ontologia de existências*, resume bem essa afirmação ao comentar:

> Há na militância anarquista um desprendimento de vantagens pessoais exigido pela construção da pessoa; o indivíduo é medido pelo valor de sua obra e nela se deposita o sentido de sua existência, uma arte de viver segundo critérios de uma verdade que é pessoal e que se torna coletiva pela experiência compartilhada. (AVELINO, 2004, p. 19)

Uma vida anarquista não se mede pelas conquistas pessoais obtidas, não estamos na lógica meritocrática, na qual medimos uma pessoa pela quantidade de riquezas acumuladas. Uma vida anarquista é medida pela obra criada, uma obra capaz de expressar toda a existência de uma pessoa. Talvez baste uma história para dar conta dessa existência, um evento apenas para que nos recordemos das redes de socialidade que um indivíduo criou e as lutas que travou ao lado de outros companheiros. Nessa vida, além disso, não há distinção entre pessoal e coletivo. Cada gesto individual traz implicações para o plano coletivo. É o exemplo das marcas que se utilizam de mão de obra semiescrava em sua linha de produção, visando conseguir mais lucros. Se eu compro um produto dessa marca, eu automaticamente endosso a exploração de outro ser humano. E, uma vez que me engajo nessa luta, só essa atitude não basta. Não podemos parar no boicote, é preciso se organizar, lutar ao lado de outros companheiros para exigir que esse humano semiescravizado possa usufruir de liberdade. Pode-se, além disso, ir mais longe. Por qual razão parar nesse indivíduo, será que os animais, dentro da lógica capitalista da produção de carne, também não são explorados? Eu não poderia, na tentativa de acabar com toda e qualquer forma de exploração, adotar uma dieta vegana, abdicando de compactuar com a indústria da carne – indústria, aliás, que muitas vezes também se vale de mão de obra semiescrava em suas linhas de produção? Adotada uma dieta vegana, posso me organizar e criar uma rede de militância, exigindo o fim da exploração de todas as espécies. E esse exemplo poderia se estender até o infinito, mas isso não importa. É a existência que está em questão, certo estilo de existência que traz a marca das lutas travadas diariamente pelo militante.

Foucault nos diz sobre estilo, ainda no seu curso *A Coragem da Verdade:*

> Esse estilo de existência próprio do militantismo revolucionário, que assegura esse testemunho pela vida, está em ruptura, deve estar em ruptura com as convenções, os hábitos, os valores da sociedade. E ele deve se manifestar diretamente, por sua forma visível, por sua prá-

> tica constante e sua existência imediata, a possibilidade concreta e o valor evidente de uma outra vida, uma outra vida que é a vida verdadeira. (FOUCAULT, 2011, p. 161)

A outra vida da qual fala Foucault, essa vida verdadeira, é a vida liberta de qualquer opressão, a vida engajada na construção de redes de socialidade e na organização política em prol de um mundo diferente, de um mundo por vir. Quem já teve a oportunidade de participar de uma manifestação, sabe como é bonito marchar vendo as bandeiras levantadas, as palavras de ordem sendo cantadas. Com o tempo, passamos a reconhecer as pessoas, não por termos nos acostumado a elas, mas por flagrarmos certas indumentárias – o moicano punk, as tatuagens, as roupas com dizeres feministas etc. – e vislumbrarmos certos gestos – o modo como uma pessoa toma a frente diante de uma multidão para defender um garoto sendo espancado na rua, por ter sido confundido com um ladrão, por exemplo. O gesto, nesse caso, é mais importante do que a indumentária. As roupas e as marcas corporais podem nos enganar, mas os gestos não.

É por isso que o anarquismo, de algum modo, lembra a filosofia dos cínicos – aquela de que falamos no início deste capítulo. Os cínicos são aqueles que não se importam com as roupas, não se importam com o modo como aparecem diante de outra pessoa. Para eles, interessa apenas viver conforme a verdade adotada por cada um. Se você se entrega à luta por um mundo sem exploração, não basta apenas ir em todas as manifestações, organizar boicotes e passar a viver numa ocupação com outras pessoas adeptas da mesma causa. Os gestos cotidianos devem expressar essa sua escolha. O modo como você se dirige a uma pessoa, como você a destrata ou não, diz muito de que lado da luta você está. Quantas pessoas servem você dia após dia? Como você as trata? Quantas coisas você consome desnecessariamente? Elas se valem de qual tipo de mão de obra? Você está realmente aberto a ajudar as pessoas, independente de sexo, raça ou religião? Você está realmente disposto a comprar briga com amigos/as ou com familiares que insistem em repetir jargões racistas, machistas, misóginos, homofóbicos etc.? Você ri ou já riu dessas piadas? O candidato em quem você votou nas últimas eleições já falou coisas ofensivas a alguma espécie de existência? Quantas palavras ou expressões do seu vocabulário são preconceituosas? Você já procurou saber? Não importa qual roupa você veste, qual banda você escuta, qual palavra de ordem você grita nas ruas. Ao falarmos de anarquia, estamos falando de existência. E a existência não se resume a um momento apenas da vida de um indivíduo, ela é toda a vida.

# 3 OS GRANDES AUTORES ANARQUISTAS

No capítulo anterior, vimos que adotar uma perspectiva anarquista significa adotar também uma existência anarquista. Sabemos que a adoção desse outro modo de vida não é algo fácil, simples. Exige que fiquemos atentos a cada pequeno gesto, a cada pequeno ato. Exige que nos indaguemos o tempo todo sobre aquilo que fazemos e aquilo que falamos. Para ficarmos alertas, não basta apenas prestar atenção, convém se aprofundar no estudo das diversas correntes anarquistas. Compreender como cada autor irá se valer de uma impressão de mundo para moldar sua doutrina, para que, desse modo, possamos pensar qual doutrina melhor permitirá construir aquele estilo de existência vislumbrado por Foucault. Nesse capítulo, iremos passar por alguns importantes teóricos, para nos aprofundarmos em outras tantas concepções de anarquismo. Não conseguiremos, infelizmente, dar uma visão ampla das correntes constitutivas do movimento, ficaremos apenas com aquelas mais relevantes.

Quais autores escolher? Quais linhas teóricas privilegiar? Conforme citamos no último capítulo, a história do anarquismo é algo muito amplo, como notou Max Nettlau. Seria possível encontrarmos vestígios do pensamento anarquista nos gregos, como Foucault fez em relação aos cínicos, mas também na aurora da modernidade. Étienne de la Boétie, por exemplo, foi o responsável por escrever um belo texto, intitulado *Discurso da Servidão Voluntária*, no qual ele argumenta não ser algo natural um homem abdicar de sua liberdade em favor de um rei. A sociedade, assim como o estado, é uma construção antinatural que, caso não promova a minha liberdade, deve ser abolida. Bakunin com certeza aprovaria essa leitura, pois ela abre precedente para o anarquismo revolucionário e a possibilidade de adotarmos medidas mais enérgicas contra essa instituição – os movimentos de ação direta. Podemos ir mais longe ainda, se considerarmos, como o antropólogo Pierre Clastres o fez, que os povos originários das Américas – sim, aqueles que receberam o nome genérico de índios – viviam em uma comunidade que desprezava o estado, que desprezava qualquer fonte de concentração de poder. Por isso, esses povos viviam uma forma de organização que não podia ser apenas denominada de sem estado, mas eram, de verdade, uma forma de organização política contra o estado. Vejamos o que diz o antropólogo sobre os povos originários – que, infelizmente, na época em que Clastres escreveu ainda eram denominados de primitivos:

> Julgo perceber que, se as sociedades primitivas são sociedades sem Estado, é por serem sociedades de recusa do Estado, sociedades contra o Estado. A ausência de Estado nas sociedades primitivas não é uma falta, não é porque elas estão na infância da humanidade e porque são incompletas, ou porque não são suficientemente grandes, ou porque não são adultas, maiores, é simplesmente porque elas recusam o Estado em sentido amplo, o Estado definido em sua figura mínima, que é a relação de poder. (CLASTRES, 2003, p. 236)

Os povos originários, então, seriam sociedades anarquistas? Sim, se quisermos. Insisto mais uma vez em Max Nettlau, para quem, onde houver resistência à dominação, resistência à tirania, haverá um princípio anarquista. Para os fins dessa obra, contudo, focaremos naqueles que estruturam o pensamento anarquista clássico, os ditos "arquitetos da ordem anárquica". Iremos apresentar os princípios básicos do movimento a partir do pensamento de Proudhon e de Bakunin, depois apresentaremos de forma breve alguns outros autores importantes do movimento – Kropotkin, Malatesta e Goldman. Faremos apenas um breve desvio, seguindo aqui a interpretação de Patricia Piozzi sobre Rousseau, considerado um pensador que lançará as bases para as discussões anarquistas do século XIX.

## a. Jean-Jacques Rousseau e o iluminismo: os precursores

O século XVIII viu florescer um sistema de pensamento denominado Iluminismo, movimento filosófico-cultural interessado em promover a emancipação humana por meio do uso da razão. Esse movimento ficou marcado pela grande influência de suas ideias na Revolução Francesa, que eclodiu em 1789, e levou à decapitação do rei Luís XVI e à perseguição dos padres. Antimonarquistas e anticlericais, os autores iluministas defendiam a necessidade de uma reforma do Estado, uma reforma que permitisse a instauração de um modo de governo racional capaz de fazer valer o interesse da maioria – a República, nesse momento, era considerada o modo de governo mais democrático. Cansados do poder exercido tanto pelo clero, com seu discurso que pregava a resignação diante da miséria vivenciada cotidianamente, quanto pela nobreza, interessada unicamente em fazer valer os seus interesses, autores como Voltaire chegaram a convocar a população a se rebelar e, em suas obras, afirmaram: "o homem só será livre quando o último rei for enforcado nas tripas do último padre". Esta frase, encontrada no livro *As Memórias de Jean Meslier*, escrito por Voltaire, resume bem o espírito desse movimento.

Como nota Patrizia Piozzi, o movimento anarquista deve muito ao pensamento iluminista. Ali, pela primeira vez na história, o poder do clero e da nobreza foi abertamente contestado. Se lembrarmos daquilo que diz o filósofo Marc Bloch, em sua obra *Os Reis Taumaturgos*, até o século XVIII, o poder real era visto como algo divino. O rei era o representante de Deus na terra. Essa concepção, validada pela Igreja, garantia que tanto o clero quanto a nobreza gozassem de relativa tranquilidade, enquanto a maior parte da população passava fome. Visando acabar com essa desigualdade, os autores iluministas começaram a denunciar o discurso clerical, responsável por apaziguar e neutralizar qualquer sentimento de revolta que pudesse surgir das massas populares, além de justificar o caráter antidemocrático e desigual do modelo monárquico de governo. Passaram, logo depois, a atacar duramente os privilégios concedidos à nobreza, considerada uma classe ociosa, que nada produzia e que vivia às custas do povo, sem nada oferecer em troca. Obviamente que esse discurso surge visando legitimar os interesses de outra classe que aflorava no período, a burguesia, classe que começava a ganhar força com o capitalismo ascendente e que iria se tornar tão monstruosa quanto a classe nobre de então. O iluminismo, embora não possa se confundir com o pensamento liberal, que também nascia naquela época, irá abrir espaço para a ascensão da burguesia. Enquanto o pensamento liberal, surgido na mesma época, incentivava uma reforma econômica que privilegiasse a produção e a circulação de mercadorias, ou seja, que privilegiasse a classe detentora dos meios de produção

– os burgueses –, o iluminismo iria atacar diretamente o modelo monárquico, responsável por impedir que os interesses políticos da burguesia fossem considerados. Como dissemos, o iluminismo irá conceber o modelo republicano como o mais democrático, uma vez que faria valer o interesse da maior parte da população – no caso, após a revolução industrial, a burguesia e os operários. Juntos, liberalismo e iluminismo foram os responsáveis por promover a mudança para uma nova fase do capitalismo, pautada na exploração e na livre concorrência.

Ora, você, leitor, pode estar se perguntando, se o iluminismo ajudou a burguesia na tomada do poder, como pode ter influenciado a concepção anarquista de mundo? Bem, como todo movimento, o iluminismo é composto por muitos autores, alguns bem radicais – como é o caso de Voltaire e de Denis Diderot –, não sendo possível pensar o movimento como um grupo coeso e homogêneo. Houve tantos iluminismos quanto autores, assim como há tantas tendências anarquistas quanto autores. No nosso caso, vamos nos dedicar a apresentar as bases do pensamento de Jean-Jacques Rousseau, autor que mais influenciou o movimento anarquista.

Por qual razão Rousseau é importante para o ideário anarquista? Em primeiro lugar, por ter concebido uma natureza humana bondosa que teria sido, depois, corrompida pela própria vida em sociedade. O homem nasce bom, a sociedade o corrompe, esta é a máxima expressa por Rousseau em seu livro *Discurso sobre a Origem e os fundamentos da desigualdade entre os homens*. Essa obra é importante uma vez que, nela, Rousseau nega que a desigualdade seja um desejo divino ou algo do gênero. "A religião nos ordena a crer que, tendo o próprio Deus tirado os homens do estado de natureza logo depois da criação, eles são desiguais porque Deus quis que o fossem" (ROUSSEAU, 2005, p. 261). Ora, a religião pode estar certa, diz o pensador, mas isso não significa que a desigualdade da qual a sociedade padece hoje tenha origem divina. Algo aconteceu aos homens para que eles chegassem ao estado de miséria em que chegaram. O que teria acontecido? A sociedade. O homem, em estado de natureza, é bom.

> O homem selvagem, entregue pela natureza unicamente ao instinto, ou melhor, compensado daquele que talvez lhe falte, por faculdades capazes primeiro de o substituírem e depois de elevá-lo muito acima do que era, começará, pois, pelas funções puramente animais; perceber e sentir será seu primeiro estado, que lhe será comum a todos os animais. Querer e não querer, desejar e temer, serão as primeiras e quase únicas operações de sua alma até que novas circunstâncias provoquem novos desenvolvimentos. (ROUSSEAU, 2005, p. 174)

O bom selvagem de Rousseau é movido por instintos simples, percepção e sentimento, desejo e temor. Não usa a razão, pois não precisa dela. Vive daquilo que a natureza lhe oferece e, há tantas coisas na natureza, que nada precisa acumular. Em geral, vive sozinho, bastando-se a si próprio. Quando encontra outro ser humano, não entra em guerra. A piedade e o amor-próprio, diz Rousseau, o levam a ajudar o próximo, caso seja necessário, ou seguir seu caminho sem procurar problemas. O que muda? Quais são as novas circunstâncias capazes de gerar uma mudança tão radical em sua natureza? A desigualdade.

A desigualdade, diz Rousseau em *Do Contrato Social*, surge quando um indivíduo começa a acumular para si aquilo que pertencia a todos e a qualquer um. Quando o primeiro pedaço de terra é cercado e se transforma em propriedade privada, começa a desigualdade e, além disso, começa a sociedade. A sociedade é desigual, mas o homem em sua natureza, não. Tanto que, esse ato de divisão entre aquilo que me pertence e aquilo que pertence a outro, não foi algo natural, dependeu de muita especulação e muito convencimento por parte de pessoas mal intencionadas para se realizar. O pensamento, para Rousseau, é antinatural. Por esse motivo, tempos depois, o filósofo proporia um modelo de educação que buscasse preservar a natureza primeira das crianças, bondosas e cheias de piedade, em vez de recheá-las de ideias pré-concebidas que iriam desvirtuá-las de sua propensão natural para a solidariedade.

Diante do exposto anteriormente, fica bem clara a importância de Rousseau para o anarquismo. Pela primeira vez na história, um pensador declarou tão abertamente que enquanto houver sociedade, haverá desigualdade. A estrutura social é desigual em seu princípio e não por alguma espécie de desvirtuamento. Ou seja, se quisermos acabar com a desigualdade, não basta reformarmos o Estado, antes seria preciso acabar com o Estado, acabar com a Sociedade. Ou, melhor, acabar com o princípio que gerou essa sociedade desigual: a propriedade privada. Foi a propriedade privada que começou a corromper os homens, tornando-os egoístas e em guerra uns com os outros. As ressonâncias no pensamento anarquista, que irá surgir no século XIX, são enormes, como podemos observar. Entretanto, convém ir com calma.

Rousseau, embora tenha condenado a propriedade privada e denunciado a desigualdade social, jamais adotou uma postura revolucionária. Para ele, os homens perderam sua natureza primeira e nenhuma revolução poderia trazê-la de volta. Qual a saída de Rousseau? A educação. O filósofo escreveu duas grandes obras sobre o tema: *Emílio*, dedicada a discutir a educação masculina, e a *Nova Heloisa*, dedicada à educação feminina. O modelo pedagógico rousseauniano, voltado para a preservação da primeira infância, para o desabrochar dos sentimentos naturais, inspirou muitas das correntes pedagógicas contemporâneas, inclusive algumas anarquistas. Diferentemente de Rousseau, contudo, os anarquistas não creem que seja possível acabar com a desigualdade apenas por meio da educação, uma revolução se faz necessária.

## b. Pierre-Joseph Proudhon: a propriedade como roubo

Seguindo os passos de Rousseau, Proudhon irá condenar a propriedade privada, considerando-a uma das principais fontes da desigualdade. Em *O que é a propriedade?*, livro escrito em 1840, o pensador francês insiste em afirmar que a propriedade é um roubo. Ora, por qual razão? Para Proudhon, os homens são naturalmente seres coletivos, uma vez que só conseguem alcançar sua verdadeira felicidade e uma real liberdade ao pertencer a uma comunidade. Nesse sentido, a ideia de posse individual é algo antinatural – tal qual para Rousseau. Diz-nos Proudhon, em *Filosofia da Miséria*:

> Aos olhos de qualquer um que tenha refletido sobre as leis do trabalho e da troca, a realidade, diria, até a personalidade do homem coletivo, é tão certa quanto a realidade e a personalidade do homem individual. A única diferença consiste em que este se apresenta aos nossos sentidos sob a forma de um organismo cujas partes têm ligação física, circunstância que não existe na sociedade. Porém, a inteligência, a espontaneidade, o desen-

> volvimento, a vida, tudo o que constitui no mais
> alto grau a realidade do ser, é tão essencial para a
> sociedade quanto para o homem. (PROUDHON,
> 2005, p. 123)

O homem individual, conforme o trecho acima, existe apenas fisicamente. Todas as obras da humanidade – a filosofia, as artes, a ciência etc. – foram criadas visando o aprimoramento da humanidade, ou seja, da vida coletiva. Por esse motivo, qualquer forma de segregação dos indivíduos é algo antinatural e merece ser combatido. O Estado, em primeiro lugar. Ao ser questionado sobre qual a melhor forma de governo, o pensador responde:

> — Republicano, sim; mas esta palavra não especifica nada. *Res publica* é a coisa pública. Ora, quem quer que queira a coisa pública, sob qualquer forma de governo que seja, pode se dizer republicano. Os reis também são republicanos.
> — Então vós sois democrata?
> — Não.
> — Como! Sereis monarquista?
> — Não.
> — Constitucional?
> — Deus me livre.
> — Então vós sois aristocrata?
> — De modo nenhum.
> — Vós quereis um governo misto?

— Menos ainda.
— O que sois então?
— Eu sou anarquista.
— Eu o entendo! Vós fazeis sátira; isto está dirigido ao governo.
— De maneira alguma: vós acabais de ouvir minha profissão de fé, séria e maduramente refletida; ainda que muito amigo da ordem, eu sou, com toda a força do termo, anarquista. (PROUDHON, 1998, p. 25-6)

Os governos, para Proudhon, seriam uma forma artificial de organização dos homens, criada apenas para garantir o direito de uns sobre outros, dos proprietários sobre aqueles que nada possuem. Por esse motivo, não importa a forma de governo, ela sempre será contrária ao agrupamento natural dos homens e implicará em uma afronta à liberdade. Essa organização artificial, ainda que buscando criar condições para que todos possam ser ouvidos – eleições, assembleias etc. –, só resiste porque cria distinções dentro da sociedade. Essa é uma das principais ideias anarquistas; as formas de governo tradicionais sempre criarão uma cisão no tecido social, sempre irão produzir desigualdade. Como compreender isso?

Pensemos no modelo republicano. Hoje, ao votarmos, elegemos por maioria o representante legal de nossa nação. Suponhamos que um governante seja eleito com apenas 33% dos votos válidos, isso significa que ele governará em nome de 33% de toda a população de um país. O que aconteceu com os outros 67%? Bem, ou deixaram de votar ou votaram em outros tantos candidatos que, no fim, não conseguiram ultrapassar o grupo dos 33%. Isso é uma eleição legítima? Pelo ideário republicano, sim. Proudhon, porém, considera que o fato de que 67% não poderão ver seu desejo ser concretizado, uma vez que a proposta de governo do presidente eleito só contemplará o desejo de 33%, é uma afronta à liberdade desses 67%. Qual a solução? Novas eleições? Até que seja eleito um representante capaz de agradar a 100% da população? Proudhon sabe que isso é impossível. Em sua concepção, uma vez que não é possível haver uma forma de governo capaz de conciliar o interesse de todos os indivíduos, não devemos abrir mão de nossa liberdade de decisão em nome de um governante. Antes, convém passarmos a nos autogovernar. Como se daria esse autogoverno? Por meio de comunidades livres, associações orgânicas criadas à revelia do Estado.

Nessas comunidades livres, as decisões só seriam tomadas se houvesse unanimidade, se todos os indivíduos, 100% dos cidadãos, estivessem de acordo sobre determinada causa. No interior desse grupo, além disso, a propriedade seria de todos; cada indivíduo receberia apenas aquilo derivado de seu próprio trabalho – podendo vir a trocar o produto gerado por outro bem de que necessitasse. Proudhon, portanto, acredita no direito da livre associação dos homens e também defende que a propriedade é sempre daquele que produz. Os meios de produção deveriam ser coletivos e estar a serviço de todo e de qualquer indivíduo e não apenas de uma classe, a burguesia.

Ora, poderíamos perguntar, e quando há divergência entre os homens? Para Proudhon, a natureza humana tende sempre para uma mesma direção, a solidariedade e quando ela é desvirtuada desse caminho, é sempre por causa de alguma espécie de engano. As assembleias para deliberação dentro de uma comunidade, por esse motivo, primariam sempre pelo debate e pelo esclarecimento. É natural que todos votem por aquilo que beneficiará o maior número; se isso não estiver acontecendo, é devido ao fato de alguém estar enganado e o debate irá esclarecer essa pessoa sobre aquilo que é melhor para a maioria. Como saber o que é melhor para a maioria? Em *A Miséria da Filosofia*, Proudhon responde categoricamente: o melhor para a maioria é aquilo que permite a todos viver com os frutos de seu trabalho, tirando-os da extrema miséria que os obriga a vender sua mão-de-obra.

A importância da obra de Proudhon para o anarquismo reside na ideia de autogestão. Para o autor, os homens devem se unir em comunidades que partilham um mesmo interesse e têm condições de se autogerir. Sendo os meios de produção coletivos, esses indivíduos podem deliberar o que desejam produzir em um determinado momento, o quanto desejam produzir e em função de quais finalidades – troca, venda, consumo interno etc. No seio dessa comunidade, todas as decisões devem ser tomadas internamente, por maioria absoluta. A ideia de autogestão é importantíssima, constituindo um dos princípios básicos do anarquismo. Autogerir-se significa autogovernar-se, dispor do poder de decisão sobre sua própria existência.

É importante notar que, no libertarismo proudhoniano, a revolução não se dá por uma tomada do poder, por uma mudança na forma de governo, mas sim por uma mudança na organização econômica. O maior problema, para o autor, não deriva do fato de que um governo não produz condições iguais para todos, mas do fato de que esse mesmo governo garante que alguns possuam propriedades enquanto outros morrem de fome. A forma de governo, contudo, não é importante. Essa promoção da desigualdade acontecia na monarquia, acontece na república e continuará acontecendo até que o modelo produtivo seja reestruturado. Proudhon é adepto de uma revolução econômica, portanto, mais do que social. Uma revolução que tiraria das mãos dos burgueses os meios de produção e os tornaria algo coletivo, permitindo a qualquer cidadão viver daquilo que produz. Por esse motivo, Proudhon chegou a sugerir aos trabalhadores para que organizassem comunidades produtivas dentro da sociedade burguesa, paralelamente às grandes indústrias, acreditando que, assim, outros iriam aderindo aos poucos, até que toda a humanidade partilhasse desse princípio autogestionário. Proudhon chegava a acreditar que até os burgueses seriam convencidos da eficácia desse modelo e logo iriam se associar aos operários. Esse modelo, em sua visão, geraria lucros para burgueses e uma vida mais digna para operários. Todos poderiam cooperar, todos teriam algo a aprender e todos sairiam ganhando com isso.

> Seria necessário, no que diz respeito à exploração das grandes indústrias, que aos trabalhadores emancipados se associassem talentos industriais e comerciais para iniciá-los na disciplina dos negócios. Seria fácil encontrá-los em boa quantidade: não há burguês que conheça o comércio, a indústria e seus inúmeros riscos, que não prefira um rendimento fixo e um emprego honrado numa companhia operária a todas as turbulências de um empreendimento pessoal, não há um funcionário zeloso e capaz que não deixe uma posição precária para receber um cargo em uma grande associação. Que os trabalhadores pensem nisso e abandonem todo sentimento mesquinho e ressentido, há lugar para todos ao sol da Revolução. (PROUDHON, 2005, p. 187)

Essa concepção de Proudhon foi muito criticada, sobretudo por Karl Marx – em seu livro *A Miséria da Filosofia*. De acordo com Marx, Proudhon parte de uma visão ingênua de sociedade, ainda muito ligada às discussões dos socialistas utópicos – Fourier e Saint-Simon, sobretudo. Essa visão, em linhas gerais, parte do pressuposto de uma natureza humana ainda não corrompida, de uma concepção de que os homens tendem naturalmente à vida em sociedade e que, se isso não aconteceu, é apenas por causa de não terem percebido como sua verdadeira natureza opera. Ora, diz Marx, desconsidera-se, assim, a própria história. Ainda que seja verdade, ainda que todos possuam uma natureza comunitária, acontece que há séculos os homens vivem situações exploratórias e há anos os governos visam privilegiar uma categoria em detrimento de outra. Não é possível, portanto, romper com a desigualdade promovendo uma simples mudança econômica, o direito à livre associação exigido por Proudhon. Os burgueses não aceitarão viver em harmonia com os operários e estes dificilmente vão se associar sem atritos. Por esse motivo, seria preciso reformular o estado, reformular o modo como o poder é partilhado e como a economia opera. Só assim, após uma ampla revolução, poderá haver igualdade entre os homens.

Bakunin, outro importante pensador anarquista, corrobora a leitura de Marx e também considera Proudhon um ingênuo. O maior erro de Proudhon, na leitura realizada por Bakunin, deriva do seguinte fato: o anarquismo só seria possível, se os interesses de todos convergissem em direção dos mesmos objetivos, se sentimentos e desejos estivessem em sintonia. Bakunin sabe que isso não é possível, jamais um agrupamento humano irá concordar 100% sobre todos os assuntos e nunca burgueses e operários irão conviver em harmonia. No entanto, acabar com a desigualdade é algo urgente e necessário; não é possível esperar que, por meio da educação e da espontaneidade apenas, os homens passem a viver em conjunto. Como veremos adiante, será preciso promover uma revolução mais efetiva, acabar com as estruturas estatais, e construir laços de socialidade e controle dessa nova socialidade. O anarquismo é como uma planta, para crescer ela precisa de muitas outras coisas além de um solo fértil, precisa de cuidado constante.

## c. Mikhail Bakunin e a necessidade da revolução

Bakunin é considerado, por muitos, como o verdadeiro pai do anarquismo e bem distante da visão utópica de Proudhon. Dentre os primeiros teóricos do anarquismo, Bakunin foi o mais radical. Para ele, qualquer forma de governo implica em exploração. Não importa se o modelo de governo é republicano, parlamentar, monárquico etc., enquanto um homem tomar decisão por outros, haverá escravidão. Os homens devem ser radicalmente livres, senhores de suas ações. Para compreender essa liberdade proposta por Bakunin, vamos nos deter nas duas principais teses do autor: a primeira, ele defende a necessidade de o homem viver em sociedade, a liberdade é algo comunitário e não individual; a segunda, a percepção de que só haverá mudança social se houver uma revolução.

Em relação à primeira tese, convém começar explicando por qual razão Bakunin não acredita no espontaneísmo das associações humanas. Para o filósofo anarquista, os homens não preexistem às relações sociais. Antes de haver indivíduo, portanto, há sociedade. Essa marcação teórica rompe radicalmente com as concepções de que haveria uma natureza humana solidária que teria sido corrompida. Bakunin não se interessa por essas discussões, para ele o que existe são relações sociais desiguais que criam contradições em seu interior.

Essa leitura é muito próxima daquela realizada por Karl Marx. Ambos os autores, na verdade, concordaram em muitos pontos de sua obra. O grande rompimento entre eles ocorreu com a Comuna de Paris, evento narrado na introdução desse livro. Após a instauração da Comuna, Marx passou a defender a necessidade do proletariado se organizar melhor. Aqueles mais instruídos deveriam tomar a frente do processo e conduzir negociações, orientar os rumos da revolução – ideia que Lênin, tempos depois, retomaria para fundar a concepção de vanguarda do proletariado.

Bakunin, entretanto, acredita que essa medida geraria opressão dentro da própria classe trabalhadora. Em vez de se organizar, os revolucionários deveriam se armar e tomar de assalto as demais cidades. Apenas com a destruição da antiga sociedade seria possível construir uma nova. Nesse momento, anarquistas e comunistas deixam de concordar e cada qual segue um caminho diferente para a promoção de uma sociedade sem classes, sem desigualdades.

Voltando a Bakunin, esse autor defende que o máximo aprimoramento humano só é possível no interior de uma comunidade. O movimento iluminista, na concepção dele, demonstrou como o progresso da razão humana é importante, quantas revoluções ela produziu. Mas o iluminismo auxiliou apenas alguns, os burgueses, deixando uma boa parcela da população na miséria. Isso se deve pelo modo como os sábios iluministas resolveram compartilhar seu saber, o modo como compreenderam a sociedade. Para os iluministas, alguns, mais esclarecidos, governam; os outros, obedecem. Essa desigualdade não respeita o princípio básico da vida:

> Recebo e dou, assim é a vida humana. Cada um é autoridade dirigente e cada um é dirigido por sua vez. Assim, não há nenhuma autoridade fixa e constante, mas uma troca continua de autoridade e subordinação mútuas, passageiras e voluntárias. (BAKUNIN, 1988, p. 105)

Essa concepção de vida é radical, pois implica que nunca há uma autoridade eterna. Deus, em primeiro lugar, não existe. Jamais o homem deve aceitar viver em condições miseráveis por que um padre assim o disse. Quem criou a Igreja senão o homem? E por qual razão a criou? Para manter os homens em condição de sujeição. Os professores e filósofos também erram ao se julgarem detentores universais de um saber. O modelo escolar deve ser reformulado, o saber deve ser acessível e popularizado. Quando o saber permanece preso nas mãos de alguns, isso lhes confere poder. As escolas, por esse motivo, devem ser explodidas e, em seu lugar, os homens devem aceitar como natural a troca de saberes entre iguais. Por qual razão ninguém questionou isso? Porque, mais uma vez, manter os homens ignorantes também é uma forma de escravizá-los.

É preciso uma revolução, uma revolução que quebre as hierarquias e permita o surgimento de relações sociais horizontais, por meio das quais os homens possam trocar saberes, experiências, e assim construir a sua liberdade. A liberdade humana só pode se concretizar efetivamente no interior de uma comunidade plenamente livre. Apenas ali, as ciências e as artes podem se expandir até seus limites. Por qual razão? Na sociedade capitalista, tanto a arte quanto a ciência ficaram presas na lógica da concorrência, na lógica do mercado. Os produtos da ciência e das artes são desenvolvidos não mais visando o aprimoramento da sociedade, mas para serem vendidos pelo maior preço no mercado ou para servirem a fins específicos de um governo. Nesse processo, ciência e arte abandonam seu caminho, deixam de evoluir e se tornam meras mercadorias. Ficam subordinadas a fins que não são os seus. O verdadeiro caminho tanto da ciência quanto da arte é a emancipação humana, a promoção da liberdade dos indivíduos. Uma comunidade, que não as submete às lógicas do mercado ou às finalidades de um ou outro governo, concede a elas liberdade e, em troca, elas concedem aos homens novas perspectivas existenciais.

Bakunin revoluciona o anarquismo ao sugerir que qualquer forma de poder – seja a do professor ou a do padre, do político ou do burguês – é opressora e deve ser combatida. De algum modo, as correntes anteriores acreditavam que uma nova forma de organização poderia sanar os problemas sociais e conduzir a humanidade rumo à liberdade. Bakunin não; para o filósofo, a liberdade só pode ser conquistada e imposta aos demais. Disso decorre a necessidade da organização revolucionária.

Diferente de Proudhon e de outros teóricos anteriores, Bakunin defende a necessidade de construirmos pequenos agrupamentos, invisíveis, voltados para a destruição da sociedade burguesa. Não é possível depender apenas da conscientização das massas, não é possível depender apenas da criação de comunidades autogeridas, também é necessário realizar as chamadas ações diretas.

O ataque ao estado, o ataque a qualquer forma de autoridade. Em um panfleto, Bakunin nos diz:

> Mas se nós somos anarquistas, vocês irão perguntar, com que direito queremos agir sobre o povo e através de quais meios o faremos? Rejeitando toda autoridade, com o auxílio de que poder, ou melhor, força, dirigiremos a revolução popular? Por meio de uma força invisível, que não terá caráter público algum e que não se imporá a ninguém; por meio da ditatura coletiva de nossa organização, que será tanto mais potente quanto mais permanecer invisível, não declarada e privada de qualquer direito e papel oficial. (BAKUNIN, 1971, p. 237)

A radicalidade da proposta de Bakunin reside no modo como, em sua simples conclamação, ele alia diferentes correntes de pensamento anarquista. Em primeiro lugar, o filósofo reconhece que não é possível agir sobre o povo. Se condena qualquer forma de autoridade, até mesmo a do professor, então não será por meio do estudo e do conhecimento que se fará a revolução. Se o revolucionário assumir o papel de doutrinador, ele acabará por exercer o mesmo papel que o padre e o professor. Também não será por meio de uma luta pública, manifestações na rua e coisas do gênero. Porque isso seria compactuar com os modelos de organização política da sociedade burguesa. Qual será o canal, portanto?

A ação direta, a organização clandestina. Encontramos essa força diretriz nos *Black Blocks*, nos movimentos antiglobalização, naqueles que atacam os alicerces da sociedade capitalista em prol de uma sociedade mais justa, sem apresentar seu nome, sem querer ensinar nada a ninguém. Aqueles que lutam apenas, por saberem que liberdade conquistada é liberdade adquirida.

## d. Outros autores importantes

Nesse ponto, convém relembrar ainda alguns nomes de autores importantes da história do anarquismo, que traçaram as diretrizes gerais desse pensamento. De um lado, Proudhon, inspirador das correntes anarquistas sociais – aquelas interessadas na promoção de sociedades autogeridas paralelas ao Estado; do outro, Bakunin, inspirador das correntes insurgentes – aquelas defensoras da adoção de práticas de ação direta, crentes na adoção da violência como forma de conquistar a liberdade. Hoje, o movimento anarquista conta com inúmeras correntes – entre as quais, anarcoindividualismo, anarcomutualismo, anarcocomunismo, anarcossindicalismo. Todas elas dialogam em maior ou menor grau com um dos dois autores mencionados, quando não com ambos. Outros tantos autores, contudo, foram importantes para o movimento e, como esse é um livro introdutório, gostaríamos de registrar seus nomes para permitir, aos interessados, o estudo do pensamento deles.

Em primeiro lugar, Karl Marx. O teórico pai do socialismo científico, defensor de uma sociedade comunista, é essencial para os interessados em compreender o pensamento anarquista. Embora muito crítico desse movimento, Marx escreveu obras importantes para pensarmos o modo como a sociedade capitalista funciona. O pensamento de Bakunin, de certo modo, deve muito a Marx. Sugerimos aqui os livros: *Manuscritos econômico-filosóficos* e as obras históricas *A Luta de Classe na França* e *A Guerra Civil na França*.

Piotr Kropotkin. Um dos mais importantes teóricos anarquistas, defensor da ideia de que o sistema produtivo capitalista deveria ser substituído por um sistema livre de distribuição de bens e serviços, de acordo com a necessidade de cada um e em troca de trabalhos ou de produtos. Assim como Bakunin, rejeitava toda e qualquer autoridade, sendo um ardente defensor da criação de comunas autogeridas e autossuficientes. De suas obras, recomendamos *O princípio anarquista*.

Erico Malatesta. Anarquista italiano, autor do clássico *Entre camponeses*. Sua obra influenciou decididamente o movimento anarquista brasileiro, sobretudo em sua vertente anarcossindicalista. Malatesta considerava importante a aliança entre anarquistas e sindicalistas, achava que essa junção poderia contribuir com a revolta operária. Mas, para ele, o sindicato seria sempre um meio que levaria à revolução. Assim que se desencadeasse o processo revolucionário, os sindicatos deviam ser desfeitos. Assim como Bakunin, acreditava que era necessária uma revolução para modificar as estruturas desiguais da sociedade e defendia o uso da violência para a promoção de mudanças.

Por fim, Emma Goldman, uma das maiores pensadoras anarquistas, responsável por associar o movimento anarquista às lutas pela emancipação feminina e pelos direitos LGBTQI+. Defendia uma posição mais individualista, acreditando na importância de se construir uma ética anarquista, na qual discurso e ações coincidissem. Também defendia a adoção de ações violentas como forma de propaganda, argumentando que, apenas pela violência, as pessoas poderiam sair de seu estado de letargia. Essas ações, porém, deviam ser calculadas e bem direcionadas. Por isso é dela o conceito de violência direcionada, importante para algumas correntes do anarquismo. Diferente de Bakunin e de Malatesta, para quem os atos de violência contra qualquer símbolo de exploração seria válido, Goldman defende que um gesto mal dirigido, pode vir a gerar más interpretações e produzir o asco da classe operária pelo movimento. Dentre suas principais obras, destacamos: *O indivíduo, a sociedade, o estado* e *O que significa anarquismo?*

## 4. A IMPORTÂNCIA DO ANARQUISMO HOJE

Por que razão estudar o anarquismo nos dias atuais? Talvez, ao ler este livro, você possa imaginar que o anarquismo foi um movimento político muito influente no século XIX, mas que hoje teria pouco a contribuir. Veremos, neste capítulo final, que não é bem assim, pelo contrário. Em primeiro lugar, podemos desmentir essa impressão ao lembrarmos que o anarquismo é mais do que uma corrente política, é um modo de existência. Por isso, enquanto houver seres vivos que desejam sua liberdade e a do próximo, sempre haverá anarquismo. As bases teóricas do movimento, sem dúvida, surgiram no século XIX, mas ainda hoje exercem influência em diversos grupos militantes atuantes em nosso país. Citemos alguns exemplos.

Em 2013, milhares de brasileiros foram às ruas pedir a diminuição do preço da passagem, em um movimento organizado pelo coletivo MPL – Movimento Passe Livre. Reivindicando uma vida sem catracas, o coletivo se caracteriza por ser um movimento social autônomo, não filiado a qualquer partido e sem liderança. Uma das integrantes do coletivo, ao ser indagada por um jornalista, se ela era uma das lideranças, respondeu em bom tom

"Eu sou ninguém, pode anotar aí". Essa frase marcou o modelo antiautoridade adotado pelo coletivo, que se recusava a ter qualquer espécie de liderança que pudesse criar uma cisão em seu interior – entre aqueles que mandam e os que obedecem. As decisões são tomadas por todos os integrantes do coletivo e, na época das manifestações, mesmo o caminho a ser percorrido era votado em ato. Esse modelo organizacional deve muito ao ideário anarquista da autogestão e ao modelo cooperativista defendido por autores como Proudhon e Malatesta. Isso significa que o MPL é um movimento anarquista? Não. Por ser apartidário, esse movimento não se coaduna com nenhum partido político e com nenhuma bandeira. Os princípios do anarquismo, porém, inspiraram suas práticas de luta.

Dois anos depois, em 2015, os estudantes secundaristas de diversas cidades do Brasil, sobretudo da capital de São Paulo, ocuparam suas escolas para reivindicar melhorias no sistema de ensino. O movimento secundarista, como ficou conhecido, se opôs ao processo de reformulação da rede de ensino pautada na ideologia neoliberal, que visava tanto diminuir o número de estabelecimentos escolares para reduzir os custos do Estado quanto realizar parcerias com setores privados para fornecimento de serviços precarizados. No caso de São Paulo, a revolta estourou quando Geraldo Alckmin, então governador pelo PSDB, anunciou que fecharia inúmeras escolas para diminuir a folha de gastos do Estado. As crianças que estivessem matriculadas nessas escolas seriam remanejadas para outras instituições, algumas acabariam tendo que estudar em bairros muito distantes de sua residência – o que acarretaria mais gasto com transporte, outro serviço público cheio de problemas na cidade. Pouco depois, como se não bastasse essa medida, surgiu a denúncia da máfia das merendas. Alckmin havia recebido propina de empresas parceiras, que queriam atuar nas escolas de São Paulo, fornecendo comida para os estudantes. Essas empresas venceram licitações, após o pagamento de suborno, e se comprometeram a oferecer comida de qualidade e em quantidade. No fim, para gerar mais lucros, acabaram ofertando pouca comida e de péssima qualidade. Os estudantes, então, saíram às ruas, conclamando a população a se manifestar contra essas medidas e exigindo ainda melhorias no ensino oferecido na rede pública – havia muita falta de professores, na época. Esse movimento inspirou outros jovens estudantes por todo o Brasil, que também resolveram se manifestar contra as condições precárias de suas escolas. Os secundaristas realizaram protestos em Goiás, Rio Grande do Sul, Minas Gerais, Rio de Janeiros e em outros estados.

Com o passar do tempo, vendo que o governador não cedia em seu plano de desmonte das escolas, os jovens secundaristas optaram por ocupar suas respectivas escolas, resistindo em seu interior até que os planos do governo fossem abandonados. Essa ocupação seguiu um modelo muito comum entre grupos anarquistas europeus, o modelo dos *squats*. Um *squat* é um bem imóvel ocupado, sem permissão de seus proprietários, visando construir um espaço de socialidade e vivência libertárias. No caso das escolas, como funcionava? Ao ser ocupada, uma escola abria suas portas para a comunidade e, em seu interior, eram realizadas sessões de cinema, rodas de discussões com intelectuais, sessões de teatro e música, além de distribuição de comida para as famílias mais necessitadas. Tornaram-se, então, um espaço de convívio social e cultural. As aulas, por sua vez, continuaram. Professores de universidades eram convidados a ministrar palestras, outros educadores voluntários se somaram ao movimento para ajudar os estudantes com maior dificuldade. A manutenção do espaço, por sua vez, ficava a cargo dos próprios estudantes.

A ideia de ocupar um espaço e lhe conceder uma destinação social ou cultural é muito comum nos meios anarquistas. As lutas por moradia, cuja história remonta ao grupo *União para as Lutas de Cortiço* (ULC) da década de 1960 e chega até os dias de hoje com o *Movimento dos Trabalhadores sem Teto* (MTST), partilham com Proudhon a ideia de que a propriedade é um roubo e, enquanto houver gente sem moradia digna, qualquer construção abandonada deve ser destinada a fins sociais. Da ULC até o MTST, passando pelos estudantes secundaristas, os movimentos optam por ocupar e adotar um modelo autogestionário, tomando decisões em assembleias e reivindicando do Estado o direito daquela morada – geralmente abandonada para produzir especulação imobiliária e aumentar o preço dos aluguéis.

Além desses movimentos ligados à luta pela moradia, há também as ocupações visando meramente a construção de um centro cultural. Os centros culturais anarquistas são bastante comuns no Brasil, representam uma prática recorrente que remonta ao começo do século XX. O mais famoso centro foi criado em 1933, recebendo o nome de Centro de Cultura Social (CCS), e funciona ainda hoje em área central de São Paulo. Fundado para garantir o estudo e o compartilhamento do ideário anarquista, o centro acolhe inúmeros militantes anarquistas ou apenas simpatizantes. Oferece cursos e palestras, além de auxiliar aqueles que precisam. No começo, quando surgiu na década de 1930, o CCS buscava acolher os imigrantes europeus que chegavam, fugindo da guerra. Além de lhes destinar uma moradia digna, buscavam inseri-los no mercado de trabalho e os ajudava, oferecendo consultoria jurídica para evitar que fossem explorados nas fábricas.

Outros tantos exemplos podiam ser aqui evocados, desde as lutas antiglobalização que se iniciaram na década de 1990 até o movimento *Black Block* que se fortaleceu nos últimos anos. Todas essas lutas demonstram como o anarquismo ainda está presente em nosso imaginário de lutas, como ainda é relevante e merece ser estudado com toda a atenção. Gostaríamos, antes de encerrar este livro introdutório ao pensamento anarquista, de nos deter em duas lutas pouco conhecidas do público em geral e que têm mobilizado consideravelmente o movimento anarquista: a luta ecológica e a luta abolicionista.

## a. Ecopolítica e anarquismo

O conceito de ecopolítica surgiu recentemente, ligado às lutas em favor do meio ambiente. Questões como o aumento da poluição, levando ao aumento do buraco na camada de ozônio e ao aquecimento global, têm chamado cada vez mais a atenção dos movimentos sociais. Cada vez mais temos percebido que não é possível manter os níveis de consumo como temos feito até hoje, elevando a produção de lixo em escalas inimagináveis. É preciso pensar outra existência, menos danosa ao meio ambiente.

Como dissemos anteriormente, os anarquistas estão interessados em pensar uma existência em harmonia com o outro, seja ele quem for – animal, mineral, humano etc. Uma vida que não gere opressão. Por essa razão, muitos anarquistas adotam um estilo de vida em que o consumo é reduzido ao estritamente essencial, visando tanto diminuir a escala de produção quanto reduzir a produção de lixo, estilo de vida em que se privilegia a agricultura familiar orgânica, que não utiliza venenos e outros produtos tóxicos criados por grandes corporações, estilo de vida em que seja possível adotar uma dieta vegana ou vegetariana, evitando a exploração animal em larga escala. Cada escolha que fazemos impacta o ambiente, impacta a cadeia produtiva e, por esse motivo, é muito importante. Edson Passetti, em *Anarquismo e Sociedade de Controle*, argumenta sobre a importância em adotarmos um estilo de vida que gere o maior impacto na cadeia de produção industrial e o menor impacto na natureza.

Quando adotamos uma dieta vegana, por exemplo, não estamos só deixando de consumir carne – algo que pode ser compreendido como uma forma de dominação, de autoridade, do homem sobre a natureza. Estamos também boicotando a indústria da carne, uma das indústrias mais selvagens, responsável por oferecer condições de trabalho precárias aos seus trabalhadores e poluir o meio ambiente com os detritos gerados ao longo da cadeia de produção. A organização *Moendo Gente* (www.moendogente.org.br) demonstra as condições desumanas a que estão submetidos os trabalhadores da indústria da carne, a maioria desenvolvendo quadros depressivos e problemas de saúde pelo contato com os produtos químicos utilizados. Em algumas regiões do Sul do país, por exemplo, as indústrias se instalaram e começaram um longo processo de desmatamento para produção de soja para o gado. Comunidades indígenas, que moravam nas proximidades e que em sua maioria viviam daquilo que plantavam, acabaram sendo prejudicadas, uma vez que basta um simples abalo no ecossistema de uma região para prejudicar toda a natureza em seu entorno. Com a produção de alimentos diminuída, esses povos se viram obrigados a trabalhar nessas indústrias produtoras de carne. Imagina como é para um índio, que possui uma relação sagrada com a terra e com a vida animal, ser inserido em um matadouro! Muitos se mataram, por não aguentarem a rotina de trabalho. Tudo isso para que alguns poucos pudessem usufruir de carne em suas casas.

Quando compramos um bife no mercado, sequer lembramos como ele foi produzido. Esse é um dos piores efeitos do capitalismo. Karl Marx, em *O Capital*, chamou esse processo de fetichização da mercadoria. O produto final, quando chega nos mercados, apaga os rastros de sua produção, da cadeia exploratória que o gerou. Assim, quando compramos uma simples bandeja de bife no mercado, esquecemos que um animal foi morto por alguém para que esse bife estivesse ali. Que essa pessoa mata, por dia, algo em torno de cem animais em condições de trabalho precárias e ganhando um salário de miséria. Essa mesma pessoa, talvez, tenha desenvolvido problemas psicológicos diante de um trabalho tão degradante, mas não há nada a fazer, uma vez que em sua região não há empregos a não ser aquele. E, por esse motivo, ele se submete ao salário baixo e a essas terríveis condições. Nada disso está exposto nas gôndolas do mercado.

Tampouco está exposto o agrotóxico dos produtos que consumimos. Ao comprar uma maçã, não sabemos a quantidade de agrotóxicos utilizados em sua produção. Agrotóxicos que, conforme mostram cada vez mais as pesquisas da área médica, são os responsáveis por gerar câncer tanto naqueles que trabalham nas lavouras quanto no consumidor final. Por esse motivo, muitos anarquistas buscam consumir produtos orgânicos plantados por pequenos produtores ou por assentamentos de movimentos como o MST, que não utilizam agrotóxicos em sua produção. É uma maneira não só de ajudar a saúde, mas também de ajudar o planeta.

O uso intensivo de agrotóxicos deixa a terra mais sedentária ou preguiçosa, com o tempo ela para de fornecer nutrientes aos alimentos e passa a depender de substratos químicos, fertilizantes e adubos químicos. Quanto mais produtos químicos jogados na terra, mais risco de contaminação do solo e dos rios, mais risco de contaminação das pessoas. Muitos argumentam que, com o aumento populacional, só é possível produzir alimentos a partir do uso intensivo desses componentes químicos. Isso, porém, é mentira. Cada vez mais estudos demonstram que o planeta possui capacidade para alimentar uma população maior que a atual – para maiores informações veja o relatório *Global Food; Waste Not, Want Not* –, o maior problema são as grandes indústrias que produzem não só o agrotóxico como também o remédio que curará o câncer produzido pelo consumo do produto contaminado. As empresas produtoras de alimento, por sua vez, desperdiçam algo em torno de 50% de sua produção, pois elas não estão interessadas em alimentar a humanidade, mas sim em gerar lucro. Os alimentos colhidos são enviados para os melhores mercados, aqueles que pagam mais e, nesse processo, muito se perde. Uma readequação desse sistema, de modo que possamos acabar com a miséria, é algo urgente. Como fazer?

Em primeiro lugar, modificando a própria existência, o próprio modo de viver, passando a consumir produtos provenientes de pequenos agricultores, passando a tentar consumir o máximo de alimentos orgânicos; ficando atento com aquilo que se consome, seja em alimentação, seja em vestuário ou em qualquer outra coisa; se possível, adotando uma dieta vegana ou outra que gere o menor impacto possível no ecossistema. Enfim, organizando-se, buscando coletivos que lutam pela preservação ambiental, pressionando políticos a adotar pautas de preservação, participando de redes de socialidade. Há muitas festas anarquistas nas quais é possível se divertir, se informar e ainda consumir comida vegana caseira. Se na sua cidade não existir algo desse tipo, nada impede que você e seus amigos comecem o movimento ou que você, individualmente, modifique seu modo de existência. Lembre-se: a vida anarquista é composta por socialidade, organização e existência.

## b. Abolicionismo e anarquismo

Michel Foucault, em *Vigiar e Punir*, mostrou como uma série de instituições – a escola, a prisão, o exército etc. – funcionam como instituições de sequestro, responsáveis por retirar um indivíduo do seio da sociedade, moldá-lo de acordo com certos padrões e restituí-lo à sociedade mais aprimorado ou disciplinado, dócil e obediente. Assim, a escola retira a criança da família e a educa nos valores sociais. O exército, nos valores da nação. A prisão, caso a pessoa se recuse a aceitar esses valores, a retira da sociedade para aprimorar essa disciplinarização. Qual o problema dessas instituições? Elas são reprodutoras dos valores da classe dominante, os valores da burguesia capitalista. Por esse motivo, na escola e no exército se incentiva tanto as avaliações, as hierarquias. O movimento abolicionista reivindica a destruição dessas instituições, compreendidas como replicadoras das desigualdades sociais vigentes.

A palavra abolicionismo, você pode estar se perguntando, não remete ao movimento de libertação dos escravos? Sim, a palavra designou o movimento que ganhou força no século XIX, pedindo o fim da escravidão, uma das maiores formas de exploração humana. Os anarquistas, como diz Edson Passetti, ampliaram o conceito. Primeiro, ao elaborar uma crítica às instituições penais. Considerando que o Brasil possui a quarta maior população carcerária do mundo e que mais de 50% dessa população é composta por existências negras, faz sentido estender o termo abolição também para a crítica ao sistema carcerário. É a população negra a que mais sofre nas prisões, bem como a que recebe a pior educação e as piores condições de trabalho. Acabamos com a escravidão, mas não oferecemos condições dignas para a população negra.

Comecemos pensando qual o problema das instituições penais. Em primeiro lugar, cada vez mais pesquisas demonstram que o indivíduo encarcerado raramente consegue se reintroduzir na sociedade; cada vez menos, portanto, a instituição penal consegue cumprir sua função social. Acabar com as prisões, promover o abolicionismo, não significa que os crimes devem deixar de ser julgados e os condenados, punidos. Antes, convém pensar outras formas de punição, outras formas de reinserção desse indivíduo em sociedade. Em linhas gerais, o movimento abolicionista contemporâneo entende que a prisão falhou e, quando muito, serve apenas como um modo de controle da população negra.

Conforme discutimos nos capítulos anteriores, a abolição da escravidão não aconteceu de maneira a inserir o negro na sociedade. A população negra acabou se estabelecendo nas periferias das cidades, usufruindo dos piores salários e das piores condições de vida – ruas não asfaltadas, esgotos a céu aberto etc. Não importa se foram essas condições ou não que levaram um ou outro a cometer crimes, não é essa a questão. O problema é que, ao cometerem crimes, brancos e negros são tratados de maneiras distintas. Homens brancos são mais propensos a receber penas mais brandas, bem como a ser julgados de forma mais rápida. Ou seja, a prisão funciona de maneira desigual e visa a prejudicar, sobretudo, a população negra. Por esse motivo, levando em consideração a história da abolição da escravatura em nosso país, entende-se que a prisão funciona como uma instituição de controle social da população negra e não de educação e reinserção do indivíduo na sociedade; justifica-se, assim, continuar adotando o termo abolicionismo nas lutas contemporâneas.

Na década de 1960, por sua vez, o pedagogo Ivan Illich adotou o termo abolicionismo escolar para defender o fim da escola. Em uma crítica muito similar àquela feita às instituições penais, Illich defende que a escola deixou de cumprir sua função social, promover indivíduos livres e autônomos, e tornou-se apenas uma forma de controle da infância. Dentro da escola, as crianças são moldadas segundo os valores burgueses e são conformadas à estrutura desigual da sociedade capitalista, de modo que acabam se acostumando com a desigualdade. Acabar com a escola, libertar os alunos, não significa acabar com a educação, mas transformar a educação em um compromisso comunitário e público. Illich pensa na educação acontecendo no espaço público, conduzido em centros culturais ou em grupos de interesse diversos. O pensamento de Illich está na base das propostas pedagógicas da Escola da

Ponte, em Portugal, e em outras instituições escolares que primam por um modelo diferenciado de educação.

O abolicionismo, portanto, passou a significar algo mais que a libertação da população negra, passou a significar a libertação de todo e qualquer indivíduo que esteja preso nas malhas do poder burguês de maneira injusta. Como o anarquismo se alia a esses movimentos? Como crítica da sociedade burguesa e como movimento contrário a qualquer forma de exploração, os militantes anarquistas compreendem que essas instituições – prisão e escola – deixaram de cumprir sua função social e, atualmente, apenas visam promover o controle da população, transformar os cidadãos em sujeitos dóceis e obedientes. A punição, base da instituição prisional, não produz efeitos, apenas torna os indivíduos mais nervosos e agressivos. A avaliação, base da instituição escolar, não promove o aprendizado, mas recompensa aqueles que se adaptam ao conhecimento chancelado pelo capitalismo. A prisão retira da sociedade os chamados delinquentes, sem considerar quais as causas de sua revolta, e os pune, diferenciando negros e brancos, sem se preocupar nos efeitos dessa ação. Não interessa ao sistema prisional o destino dessas existências, interessa apenas retirar esses delinquentes da sociedade e acumulá-los em um espaço insalubre, jogados à sua própria sorte. A escola deixou de ensinar, preocupada apenas em avaliar como os estudantes decoraram os saberes que irão garantir sua entrada na universidade, ou seja, preocupada apenas em inserir os jovens na lógica competitiva da sociedade capitalista. Se quisermos outra sociedade, convém nos engajarmos em mudar o modo como essas instituições de sequestro funcionam.

\*\*\*

Encerramos aqui este livro, de caráter introdutório. Esperamos que tenha sido uma leitura agradável e instrutiva, capaz de levá-lo a desenvolver novos estudos. Há, na internet, inúmeras páginas de grupos anarquistas. Nelas, você encontrará textos dos maiores teóricos anarquistas – quase todos em domínio público – e explicações sobre as diferentes vertentes do movimento. Alguns desses grupos, além disso, se reúnem ocasionalmente, promovendo seminários ou cursos sobre temas anarquistas. Pensando nessa facilidade de acesso aos textos, optamos por falar de outro aspecto da militância anarquista, o aspecto ou lado existencial. Anarquismo, esperamos que tenha ficado claro, não se limita a ser um movimento político, é também uma escola de vida, uma forma de existência. Estude, se organize politicamente e se engaje em causas que ache justas. Tudo isso é importante. Mas procure também pensar sua existência a partir dos valores anarquistas. Sua existência está alinhada ao discurso anarquista ou não? A luta anarquista é diária e, algumas vezes, envolve brigar com você mesmo, com certos valores que você carrega consigo desde a infância sem nunca perceber o quanto eles podem replicar certos preconceitos e certos ideais segregacionistas. Foucault, para encerrar, disse uma vez que "fazer a crítica é tornar difíceis aqueles gestos fáceis demais". Embora ele não tenha citado o anarquismo, podemos dizer que esse espírito crítico é a essência do movimento anarquista.

## Sobre o autor

Nascido na cidade de São Paulo, o Christian F. R. Guimarães Vinci é atualmente professor de Filosofia na Universidade do Estado de Minas Gerais (UEMG). Formado em História e em Filosofia, ambas as graduações pela Universidade de São Paulo (USP), mesma instituição na qual desenvolveu seu mestrado e seu doutorado em Filosofia da Educação.

# REFERÊNCIAS BIBLIOGRÁFICAS

ANÔNIMO. *História do Anarquismo*. São Paulo: Faísca, 2008.
AVELINO, Nildo. *Anarquistas:* ética e ontologia de existência. São Paulo: Achiamé, 2004.
BAKUNIN, Mikhail. *Deus e o estado*. São Paulo: Hedra, 2011.
BAKUNIN, Mikhail. *Bakunin por Bakunin*. Brasília: Novos Tempos, 1987.
CLASTRES, Pierre. *A Sociedade Contra o Estado*. São Paulo: Cosac Naify, 2003.
COGGIOLA, Oswaldo (org.). *Escritos sobre a comuna de Paris*. São Paulo: Xamã editores, 2002.
FOUCAULT, Michel. *Vigiar e Punir*. Rio de Janeiro: editora Vozes, 2002.
FOUCAULT, Michel. *A Coragem da Verdade*. São Paulo: Martins Fontes, 2011.
KROPOTKIN, Piotr. *O Princípio Anarquista e outros ensaios*. São Paulo: Hedra, 2012.
MARX, Karl. *A Guerra Civil na França*. São Paulo: Boitempo Editorial, 2012.
MARX, Karl. *Manuscritos Econômico-Filosóficos*. São Paulo: Boitempo Editorial, 2008.
NETTLAU, Max. *História da Anarquia:* das origens ao anarco-comunismo. São Paulo: Hedra, 2008.
PASSETTI, Edson. *Anarquismos e Sociedade de Controle*. São Paulo: Cortez Editora, 2003.
PASSETTI, Edson; AUGUSTO, Acácio. *Anarquismo & Educação*. Belo Horizonte: Autêntica Editora, 2008.
PIOZZI, Patrizia. *Os Arquitetos da Ordem Anárquica:* de Rousseau a Proudhon e Bakunin. São Paulo: Editora Unesp, 2006.

PROUDHON, Pierre Joseph. *Filosofia da Miséria*. Rio Grande do Sul: Icone Editora, 2005.

PROUDHON, Pierre Joseph. *A propriedade é um roubo* e outros textos. São Paulo: LP&M, 1998.

RECLUS, Élisée. *Anarquia pela Educação*. São Paulo: Hedra, 2011.

ROUSSEAU, Jean-Jacques. *Discurso sobre a origem e os fundamentos da desigualdade entre os homens*. São Paulo: Martins Fontes, 2005.

THOREAU, Henry David. *A Desobediência Civil*. São Paulo: LP&M, 2002.

TOCQUEVILLE, Alexis de. *Lembranças de 1848:* as jornadas revolucionárias. São Paulo: Martins Fontes, 1991.